AF525622

Die Hauptstraße in der Altstadt mit Blick zum Martin-Luther-Platz. Das aus der Häuserfront herausragende Gebäude war der „Gasthof zum weißen Lamm". Seit 1924 ist es ein Kino, die „Lamm-Lichtspiele", früher auch „Schlappenkino" genannt, weil die Anwohner oftmals in Hausschuhen zu den Filmvorführungen kamen.

Erlangen

1890–1960

Der Luitpoldplatz mit dem 1875 enthüllten Denkmal für den „großen Wohltäter der Stadt", Professor Dr. Jakob Herz (1816–1871). Das Bronzestandbild war das erste Denkmal für einen Juden in Deutschland. Von den Nationalsozialisten wurde es am 15. September 1933 zerstört.

Klaus Fröba

Erlangen

1890–1960

Eine historische Bilderreise

SUTTON HEiMAT

Blick vom Burgberg auf die Gesamtstadt. 1905 prägten noch die vielen Schornsteine der Brauereien das Panorama. Wenn Brautag war, war die ganze Stadt in Dunst eingehüllt, berichtet ein Zeitgenosse.

Inhalt

Luftbild von 1954. Fast in der Bildmitte steht das Verwaltungsgebäude der Siemens-Schuckert-Werke.

Einleitung

Spuren von Besiedelung gibt es im Erlanger Raum schon etwa 4.000 bis 600 Jahre vor unserer Zeitrechnung. Um in der eigentlichen Geburtsstunde Erlangens anzukommen, muss man bei einer durchschnittlichen Lebensdauer von 80 Jahren fast 13 Menschenleben zurückrechnen. Diese war im Jahr 1002, als König Heinrich II. dem Stift Haug die „villa Erlangon" schenkte. 1398 wurde Erlangen das Stadtrecht verliehen. 1686 kamen französische Glaubensflüchtlinge hierher und gründeten auf Veranlassung von Markgraf Christian Ernst südlich der Altstadt „Erlang" die Neustadt Christian Erlang.

Der Zweite Weltkrieg, der auch das Leben vieler Erlanger forderte, endete mit dem Einmarsch der Amerikaner am 16. April 1945. Schon während des Krieges und in den Monaten danach siedelten sich viele Vertriebene und Flüchtlinge in Erlangen an und fanden hier eine neue Heimat. Hand in Hand mit dem Bevölkerungsanstieg ging ein Wirtschaftswachstum, das bis in unsere Tage fortwirkt. Mit dem Abzug der US-Streitkräfte endete 1994 eine fast 50-jährige Besetzung Erlangens. Auf dem 136 Hektar großen Militärareal im Stadtosten entstand ein neuer Stadtteil: der Röthelheimpark.

Wer sich für ein Studium an der Friedrich-Alexander-Universität (FAU) entscheidet, tut dies zum einen wegen des hervorragenden Studienangebots. Zum anderen ist es der Charme der historischen Innenstadt, der viele angehende Studierende an die Alma Mater lockt. Im Gegensatz zu vielen modernen Massenuniversitäten ist die FAU keine Campus-Universität. Das heißt, dass nicht alle universitären Einrichtungen unter einem Dach untergebracht sind, sondern sich auf verschiedene Gebäude verteilen, die sich größtenteils im Herzen der Erlanger Innenstadt befinden. Die 1743 gegründete Friedrich-Alexander-Universität ist eine „Universität in der Stadt" und keine Randerscheinung. Die Studierenden sind ein fester Bestandteil des Erlanger Lebens. An der FAU studierten bekannte Persönlichkeiten wie der Dichter August Graf von Platen und Johann Peter Hebel, der Schriftsteller Ludwig Thoma, der weltbekannte Chemiker Justus Liebig und der Philosoph Ludwig Feuerbach. Bedeutende Lehrer waren der Chemiker und Nobelpreisträger Emil Fischer sowie die Philosophen Fichte und Schelling. Der Professor für orientalische Sprachen und Dichter Friedrich Rückert hielt seine Vorlesungen meist zu Hause und gelegentlich sogar vom Bett aus. Im Gründungsjahr zählte die Alma Mater noch unter 100 Studierende und 16 Professoren. Im Jahr 2018 waren es 39.780 Studierende, während 579 Professoren unterrichteten.

Zu erwähnen sind hier noch die 18 Brauereien, die es bis Anfang des 20. Jahrhunderts in der Stadt gab. Über das hiesige Bier berichtete Justus Liebig am 11. Mai 1821 in einem Brief an seine Eltern, es sei „sehr stark, schmeckt ziemlich bitter, ein wahrer Studententrank, sehr wohlfeil und gut, das Maß kostet 6 Kreutzer".

Das Erlanger Stadtwappen

Das Erlanger Stadtwappen zeigt unten das Wappen der von Kaiser Karl IV. in den 1360er-Jahren gegründeten Altstadt (nördlich des Martin-Luther-Platzes), oben das der 1686 errichteten Neustadt (Bereich Schlossplatz, Hugenottenplatz, Bohlenplatz) als Doppelschild und Ehewappen des Markgrafenpaares Christian Ernst und Elisabeth Sophie von Preußen. Die Kombination der drei Schilde erfolgte 1707 für die Gesamtstadt Erlangen als sechste Residenz des Fürstentums Brandenburg-Bayreuth.

Links oben: Der brandenburgische Adler mit geviertetem Zollernschild auf der Brust.
Rechts oben: Der preußische Adler mit den Buchstaben „ES".
Unten: Ein Böhmischer Löwe mit Doppelschweif und Krone über gefugter Zinnenmauer.

Allerlei über Erlangen aus zwei Jahrhunderten

Die folgenden Texte sind originalgetreu aus alten Stadtchroniken und Zeitungen wiedergegeben. Auf einen Quellennachweis wurde verzichtet.

1726 „… wurde ein geschärfter Befehl kund gemacht, welcher die unzüchtigen Weibsbilder betraf, die sich zeithero hier stark vermehrt, nicht wenig Unheil angestiftet, viele junge Leute verführet und verschiedene Soldaten zur Desertation verleitet hatten."

1835 „… verbot der Magistrat die Leichenschmäuse und die Abhaltung von Gastereien sowie die sogenannten Leichentrunke in den Wirtshäusern."

1864 „… am 23. Dezember wurden 327 Hausbesitzer zur Anzeige gebracht, weil dieselben bei 12 bis 15 Grad Kälte das Eis in den Straßenrinnen vor ihren Häusern nicht aufhauen ließen."

1882 „… wird am Amtsgericht hitzig darüber gestritten, ob das Färben von Hühnerbeinen für eine Geflügelausstellung den Tatbestand des Betrugs erfülle."

1887 „… den 15. September, fand auf der Straße zwischen Erlangen und Tennenlohe ein Velociped-Wettrennen statt, an welchem sich viele auswärtige Fahrer beteiligten. An der Bergkirchweih waren die Keller der Erichschen und Helbigschen Brauerei zum ersten mal elektrisch beleuchtet, was als ein überaus großer Fortschritt und eine Verschönerung dieses Volksfestes allgemein sehr rühmenswert anerkannt wurde."

1927 „… waren 270 Straßenlampen installiert und Erlangen kann sich damit mit jeder anderen bayerischen Stadt gleicher Größe messen. Das Kabelnetz hat eine Länge von 133 Kilometern bei 3.134 Stromabnehmern."

1948 „…. war der Althistoriker Professor Adolf Schulten (1870–1960) in Erlangen der erste, als diese Mode in Deutschland noch völlig unbekannt war, der eine Baskenmütze trug."

— 1 —

Altstadt

1398 verlieh König Wenzel dem Dorf Erlangen mit 500 Einwohnern das Stadtrecht. 1706 brannte der Ort bis auf wenige Häuser ab und wurde im Stil der 1686 gegründeten Nachbarstadt Christian Erlang wiederaufgebaut. Beide Ortschaften wurden erst 1812 zu einer Gesamtstadt vereinigt.

Die Hauptstraße in der Altstadt um 1910. Schon 1867 gab es von Lärm belästigte Bürger. So beklagte sich ein Johann Käßler aus Bayreuth über das „zu schnelle Galoppieren der Reiter und des unsinnigen Rollens der Kutschen durch die Erlanger Straßen und Gassen" und gut 50 Jahre vorher beschwerte man sich sowohl beim Polizeikommissariat der Stadt als auch bei der Universität über das „lärmende Singen der Studenten während der Nachtzeit".

Als diese Ansichtskarte 1904 in Umlauf gebracht wurde, war der Burgberg nur spärlich besiedelt. Um 1875 wohnten auf dem „grünen Hügel" nur etwa zwei Dutzend Familien, meist Bauern und Steinbruchbesitzer. Von 1890 bis 1920 erfuhr der Burgberg insgesamt eine erhebliche Verdichtung der bis dahin ausgesprochen lockeren Bebauung.
Links oben sieht man die prächtigen Jugendstil-Villen am Welsweg (Nr. 2–8), die vor einigen Jahren kostspielig renoviert wurden. Daneben befindet sich die 1896 von Hans Vollrath gegründete und kaum zehn Jahre bestehende „Erste mechanische Papierfabrik" (Burgbergstraße 33a). In der unteren Bildhälfte erkennt man die Spardorferstraße sowie die Talaue der Schwabach.

Eine hölzerne Brücke über die Schwabach zum heutigen Stadtteil Essenbach wird 1443 bezeugt, 1768 ein steinerner Übergang. Dieser war jedoch schmal und genügte den Ansprüchen späterer Jahrzehnte nicht mehr, sodass er 1888 verbreitert und mit einem eisernen Geländer versehen wurde. 1954 erfolgte ein Neubau.

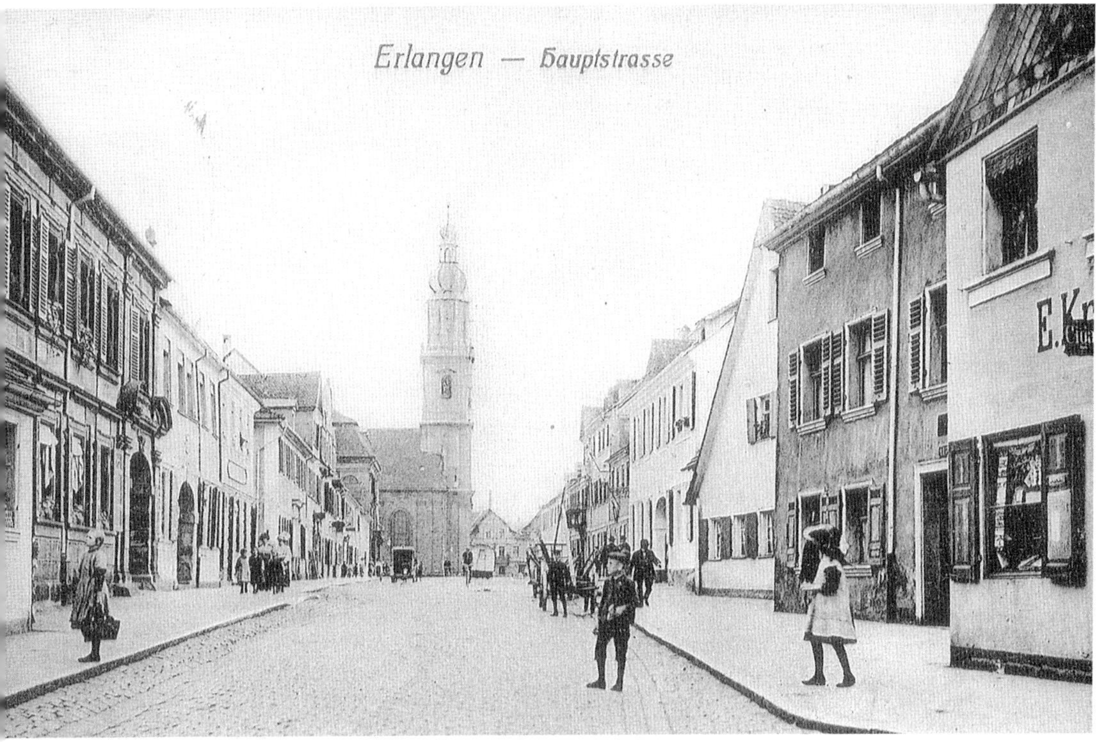

Erlangen — Hauptstrasse

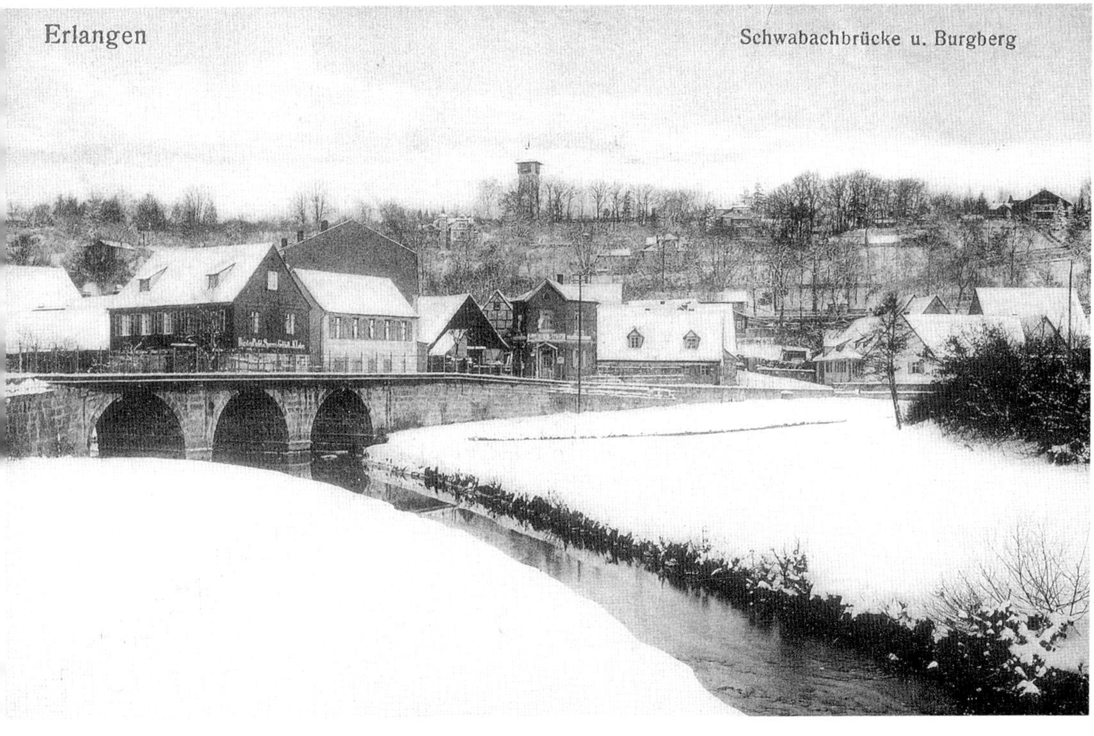

Erlangen

Schwabachbrücke u. Burgberg

Essenbacher Straße 5. In dem um 1744 errichteten Walmdachhaus mit seiner verkröpften Tür- und Fensterrahmung wurde schon 1749 Bier ausgeschenkt. Sechs Jahre später erhielt die Schankstätte den Namen „Gasthaus zum goldenen Walfischlein“. Nach dem Zweiten Weltkrieg wurde das Gasthaus geschlossen, die Häuser am rechten Bildrand fielen der Straßenverbreiterung zum Opfer.

1942 reichte das Hochwasser der Schwabach bis zum Stadtfischerhaus in der Bayreuther Straße 22. „Das Flüßchen ist zwar seicht und klein, aber bey anhaltendem Regen so hoch angeschwollen, daß es den Fußgängern alle Passage nimmt“, lautet lapidar der Eintrag J.M. Füssels in sein „Tagbuch“ von 1788.

Die ehemalige Essenbacher Mühle in der Essenbacher Straße 2, jetzt KUM Kunststoff- und Metallwarenfabrik. Eine Mühle wird hier bereits Mitte des 14. Jahrhunderts erwähnt, sie brannte 1883 ab.

Gasthaus zum goldnen

Das von Leo von Klenze entworfene Kanaldenkmal, dessen Figuren Ludwig von Schwanthaler modelliert hatte, wurde 1846 nach der Vollendung des unter König Ludwig II. von Bayern ausgeführten Kanalbaus enthüllt. Auf dem gegen Ende des Zweiten Weltkriegs aufgelassenen Kanalbett verläuft seit 1962 der Frankenschnellweg.

Der „Vier-Straßen-Blick" nach Norden von der Böttigerpromenade aus: Eisenbahn, Straße, Ludwigs-Kanal, Regnitz. Die Aufnahme stammt aus dem Jahr 1935.

Blick auf den Burgberg mit dem Stadtteil Essenbach, der wahrscheinlich auf eine alemannische Gründung zurückgeht. Im 5./6. Jahrhundert wurde die kleine Siedlung in das fränkische Herrschaftsgebiet eingegliedert. Eine Mühle wird 1348 erwähnt und 1616 existierten hier erst sieben Anwesen. Vermutlich ist die Keimzelle Erlangens in Essenbach am Fuße des Burgbergs zu suchen.

Erlangen Kanaldenkmal

Die Werker am Ludwig-Donau-Main-Kanal im Jahr 1921. „Dem König Ludwig I. von Bayern war es vorbehalten, eine Idee Karls des Großen umfassender auszuführen, die Verbindung von Deutschlands mächtigsten Strömen, der Donau und dem Rheine durch einen Kanal zu verbinden. Die Strecke von Bamberg bis über Nürnberg hinaus ist im Stadtbezirk in den Jahren 1835 bis 1842 vollendet worden und häufig befahren. Er ist ein sehr sauberes Werk.“ (Erlangen in der Westentasche, 1843)

Ein mit Holz beladener Frachtkahn passiert 1922 die Schleuse an den Werkern. „1845 fuhr ein Schiff von Amsterdam den Rhein und Main herauf durch den Kanal hindurch auf der Donau nach Wien hinab in 34 Tagen und lieferte somit den Beweis, daß man zu Wasser aus der Nordsee ins schwarze Meer reisen kann.“ (Geschichte von Erlangen in Wort und Bild, 1898)

Im 19. Jahrhundert gab es in Erlangen sage und schreibe 18 Brauereien. Die größte war die Reifbräu, die am Burgberg mit 861 Metern den längsten Felsenkeller in ganz Mittelfranken besaß. Hierhin brachte man in den Wintermonaten Eis aus den Rudelsweihern. Mit der Erfindung der Kältemaschine durch Carl Linde im Jahr 1876 wurden die Bierkeller allmählich überflüssig. Das Bild zeigt ein Fuhrwerk mit Eis vor dem nördlichen Eingang zum Reif-Keller in der Rudelsweiherstraße.

Einst soll es auf dem Burgberg mehr als zwei Dutzend Steinbrüche gegeben haben, die den Sandstein zum Bau der Alt- und Neustadt lieferten. Die letzten Steinbrüche wurden in den 1920er-Jahren stillgelegt.

1891 nahm am Burgberg der erste Trinkwasserspeicher seinen Dienst auf. In den Wasserkammergewölben aus Stampfbeton konnten 600 Kubikmeter Wasser gespeichert werden. Zur Gewinnung von Grundwasser sind damals die ersten Brunnen in der Nähe des heutigen Wasserwerkes West gebaut worden.

1905 wurde der Wasserturm erbaut und noch im selben Jahr begann man mit der Pflasterung des oberen Bereichs des Burgberges. 1890 standen hier erst 23 Häuser, die von Garten- und Steinbruchinhabern errichtet worden waren. Der hauptsächlich am Burgberg verwendete Bautypus der Zeit bis 1890 dürfte das schlichte eingeschossige Ein- bis Zweifamilienhaus gewesen sein. Die Zahl der Villen war damals noch sehr gering.

Das sogenannte Graetz'n Häuschen (die Kolonialwarenhandlung von Ludwig Graetz) in der Bayreuther Straße 3 im Jahr 1964. Wegen der Erweiterung der Straße musste das Haus 1972 weichen. Es war so niedrig, dass man bequem den Hausschlüssel in der Dachrinne deponieren konnte.

Anlässlich des zehnjährigen Stiftungsfestes konnte 1921 das neu errichtete Bootshaus des Rudervereins auf der „Kuh-Insel" unterhalb der Werker (jetzt Kläranlage) eingeweiht werden, nachdem man vorher keine feste Bleibe gehabt hatte. Das Haus – es kostete 50.000 Mark – hatte ein Vereinszimmer, einen Gastraum und ein Obergeschoss sowie einen Balkon. 1955 wurde das idyllisch gelegene Anwesen verkauft und am 10. Mai 1980 ein Neubau am Europakanal in Büchenbach bezogen.

Die Gärtnerei Wassermann in der Martinsbühler Straße 8, um 1940. Wo heute Schnittblumen, Gestecke und Gebinde entstehen und verkauft werden, wuchs einst Hopfen. Firmengründer Konrad Wassermann hatte das noch heute existierende weitläufige Gelände nahe dem Kanal (jetzt „Frankenschnellweg") 1810 gekauft und einen Hopfengarten angelegt – kein abwegiger Gedanke in einer Stadt, in der noch 18 Brauereien als Abnehmer existierten. Später kamen Treib- und Gewächshäuser hinzu, in den 1940er–Jahren entstand eine „Kunst und Handelsgärtnerei", die 1960 durch einen Laden ergänzt wurde.

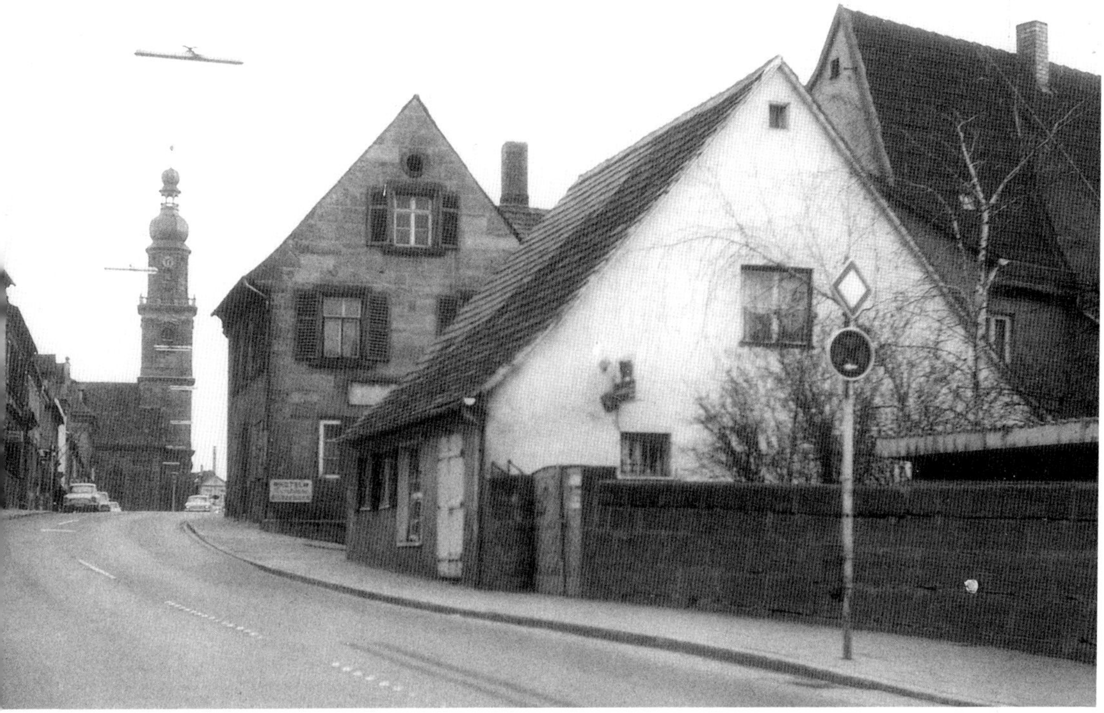

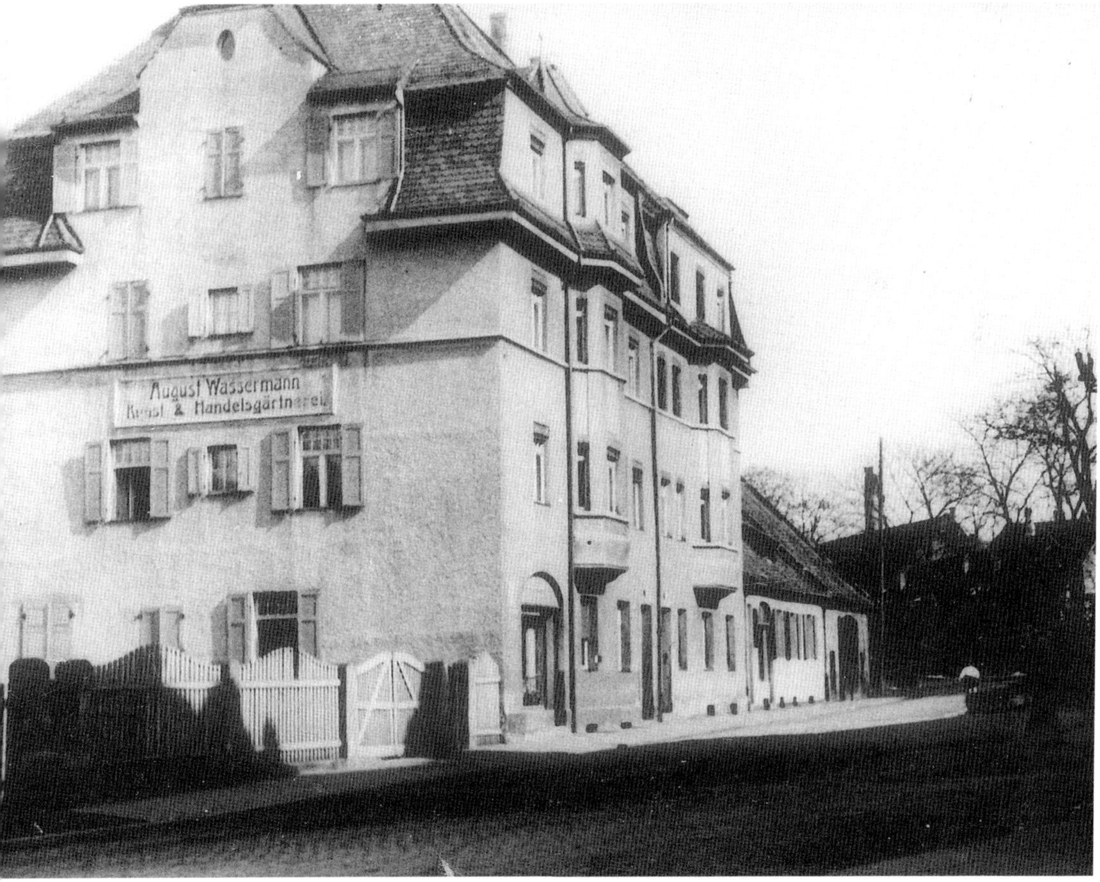

August Wassermann
& Handelsgärtnerei

In einer Beschreibung von 1759 heißt es: „Mitten auf dem Altstädter Kirchhof stehet die sogenannte Gottes-Acker-Kirche, welche sehr niedlich und geschickt gebauet, mit weisen Blech bedeckten Thurm versehen und von Karl dem Großen um das Jahr 800 gegründet worden sein soll.“ Die Aufnahme entstand 1929.

Die Hauptstraße in der Altstadt bei den „Lamm-Lichtspielen" um 1930. „Die Hauptstraße ist so lang in einen fort, daß uns die Menschen an dem einen Ende klein erscheinen; sie ist aber durchaus so breit, daß in derselbigen drey Wägen sich bequem ausweichen können." (Stadtbeschreibung von 1759). „1707 begann man mit der Pflasterung der Straßen. 7.300 Meter Straßenstrecken waren bis zum Jahr 1875 gepflastert, nachdem man vorher schon (1873) Trottoirs anzulegen im Begriffe war." (Stadtchronik, 1898)

Das Altstädter Rathaus am Martin-Luther-Platz im Jahr 1931. In der Reinhard-Chronik von Erlangen 1778 liest man dazu: „Man fieng den Bau den 19. November 1733 an und im Jahr 1736, den 13. Dezember, wurde der Strauß aufgesteckt. Es ist ein dauerhaftes Gebäude von Quadersteinen; hat ein schönes mit Säulen geziertes Portal, über welchen ein Balcon ist." Bis 1812 war es Rathaus, heute befindet sich hier das Stadtmuseum.

Die Akademisch-Musikalische-Verbindung (AMV) Fridericiana entstand 1878 als Studentengesangverein mit den Farben Rosa-Weiß. 1906 wurde das prächtige Verbindungshaus in der Spardorfer Straße 32 bezogen. Im Nationalsozialismus musste die Fridericiana sich zwangsweise auflösen, im Haus richteten die „Braunen Schwestern" eine Krankenpflegeschule ein. Von 1945 bis 1959 war es den Erlangern als „Marienhospital" (Behelfskrankenhaus mit etwa 40 Betten) bekannt. Heute ist es ein Alten- und Pflegeheim. Das Bild entstand 1936.

Das Marienhospital nach mehreren Umbauten, fotografiert im Jahr 1962. Von dem villenartigen Bau ist nach einer Erweiterung 1969 und dem Neubau 1994 heute überhaupt nichts mehr vorhanden.

Der Martin-Luther-Platz ist der älteste Erlanger Stadtplatz. Den Mittelpunkt bildet die Dreifaltigkeitskirche. Der Glaube an Gott und der tiefe Wunsch seiner angemessenen Verehrung haben im 14. Jahrhundert das Gotteshaus „Zu unserer lieben Frau" entstehen lassen. Über Jahrhunderte hinweg passte es sich den christlichen Traditionen und sich verändernden liturgischen Erfordernissen an. Nach dem Stadtbrand von 1706, dem auch die Altstädter Kirche zum Opfer fiel, erfolgte am 3. März 1721 deren Wiedereinweihung. Das Altstädter Rathaus wurde 1733 bis 1736 nach Plänen von Johann Georg Weiß als dreigeschossiger Barockbau erbaut. Hier hatte bis 1812 die Altstädter Stadtverwaltung ihren Sitz.

Das Denkmal zum Gedächtnis der 1870/71 gefallenen Erlanger am Martin-Luther-Platz wurde am 12. Oktober 1890 enthüllt. Auf dem Bild ist es im Jahr 1922 zu sehen. Ende September 1952 wurde es, aus verkehrsbedingten Gründen und weil es dem Zeitgeschmack nicht mehr entsprach, abgebrochen.

Am 3. Juli 1910 herrschte in ganz Erlangen helle Begeisterung, denn Prinz Ludwig von Bayern (später König Ludwig III.), Sohn des Prinzregenten Luitpold, hatte seinen Besuch angesagt. Anlass war die 100-jährige Zugehörigkeit Erlangens zu Bayern. „Die Stadt unter Bürgermeister Theodor Klippel machte sich auf, Seine Königliche Hoheit würdig zu empfangen. In einem vierspännigen Hofwagen und unter Glockengeläute fuhr der Prinz an einer jubelnden Menschenmenge vorbei durch die Hauptstraße, wo er im Erichhaus am Theaterplatz drei Nächte verbrachte", meldete die örtliche Zeitung.

Die Ansichtskarte zeigt die Hauptstraße in der Altstadt noch vor dem Ersten Weltkrieg. Sie war bei den Erlangern auch als „Wirtshausgasse" bekannt, weil es hier früher zahlreiche Gaststätten gab. Links ist die Niklasbräu zu sehen und auf der rechten Seite der „Silberne Panzer".

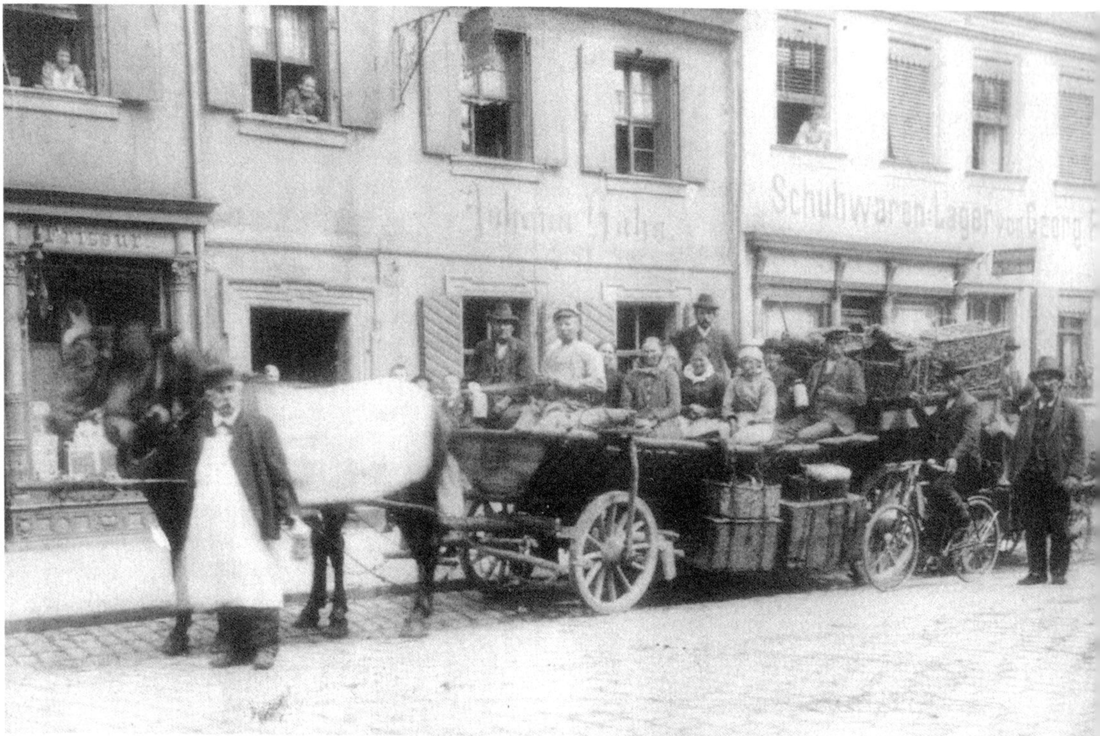
Schuhwaren-Lager von Georg

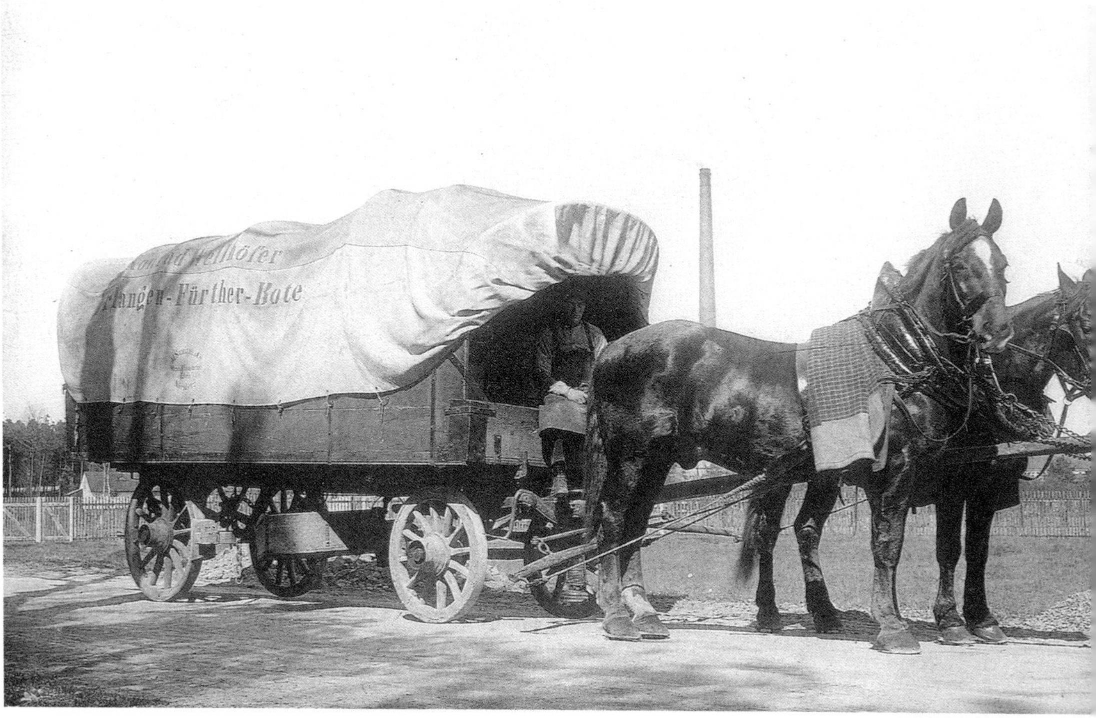
langen-Fürther-Bote

Vor der wachsenden Motorisierung gehörten Pferde- und Ochsenfuhrwerke zum Alltag auf den Straßen, wie hier das Gespann, das vor dem Gasthaus „Grauer Wolf" in der Hauptstraße 80 „parkt". Die Fuhrmänner Georg Haberkamm und Nikolaus Stumpf fuhren montags und samstags ihre Touren von Lonnerstadt und Neuhaus nach Erlangen und zurück.

Stolz präsentieren sich die Brüder Wellhöfer um 1930 vor ihren Lastkraftwagen in der Schiffstraße.

Umweltfreundlich mit zwei PS (Pferdestärken) war um 1920 der „Nürnberg-Fürther-Bote" Konrad Wellhöfer unterwegs. Die Brüder Wellhöfer hatten von etwa 1920 bis 1965 in der Schiffstraße 4 ein Transportgeschäft.

In einem Fremdenführer von 1909 heißt es: „Zu Ehren des Prinzen Ludwig von Bayern trägt die 1907 vollendete schöne Brücke über die Schwabach den Namen Ludwigsbrücke." An der östlichen Brückenbalustrade befanden sich ein Brunnen mit dem Medaillon des Prinzen und zwei Steinbänke. Die Brücke wurde 1954 samt Brunnenanlage abgebrochen. Das Foto stammt aus dem Jahr 1910.

Auf dieser Ansichtskarte befinden wir uns um 1925 nicht etwa im sonnigen Süden, sondern auf dem Theaterplatz. Um 1770 als „Geißmarkt" bezeichnet, diente er als Exerzierplatz, Zimmerplatz, Bauschuttablage sowie als Messeplatz und mit der zunehmenden Motorisierung als Stellplatz für Kraftfahrzeuge. 1919 entstand im nordwestlichen Teil einer der beiden ersten Kinderspielplätze Erlangens.

2

Neustadt

Blick von der Hugenottenkirche auf die Neustadt Erlangen mit dem ehemaligen, 2002 abgerissenen Kaufhof. Für das Warenhaus wurde ein wertvoller Gebäudekomplex, die 1701 eröffnete Ritterakademie, Vorläufer der Universität, abgebrochen.

Das Verbindungshaus der Burschenschaft Germania in der Universitätsstraße 18 um 1890. Bis in die 1920er-Jahre prägten farbentragende Studenten das Stadtbild. Befanden sich die Herren Studiosis in den Semesterferien, waren die Straßen entvölkert.

Das allererste Haus in der 1686 angelegten Neustadt stand an der Ecke Hauptstraße (47)/Heuwaagstraße und wurde für den markgräflichen Kammerrat Andreas Mösch gebaut. Das Mösch'sche Haus soll das erste Wirtshaus der Neustadt gewesen sein und den Namen „Goldener Adler" getragen haben. 1966 musste es dem Neubau eines Geschäfts- und Bürohauses weichen.

Die Hauptstraße 40 im Jahr 1963. An der Stelle eines Richthauses aus dem letzten Jahrzehnt des 17. Jahrhunderts wurde 1962 der Neubau der Bayerischen Hypotheken- und Wechselbank errichtet. 1999 wurde die Filiale geschlossen und das Gebäude für Läden, Büroräume und Arztpraxen umgebaut.

Die Hauptstraße mit Blick in Richtung Norden auf den Markt- und Schlossplatz. Es wälzten sich noch keine Blechlawinen durch die Stadt. Handkarren und Fuhrwerke prägten das Bild auf den Straßen.

Radleridylle in der Hauptstraße. Ruhe in der Stadt? Denkste! Schon um 1900 schrillten den Zeitgenossen die Ohren von all dem „unaufhörlichen Brüllen, Dröhnen, Pfeifen, Zischen, Fauchen, Hämmern, Rammeln, Klopfen, Schreien und Toben, womit der Mensch seine Aktionen zu begleiten pflegt". Es waren vor allem Industrialisierung und Motorisierung, die sich lärmend Bahn brachen.

1938 entstand dieses Bild mit Impressionen von der Hauptstraße in südlicher Richtung: Bis zur Eröffnung des Frankenschnellweges 1962 führte die Reichsstraße und spätere Bundesstraße 4 mitten durch die Stadt. Es ist zwar auf dem Amateurfoto weit und breit kein Automobil zu sehen, doch die Zahl der amtlich zugelassenen Personenkraftwagen stieg zwischen 1938 und 1950 von 627 auf 1.521 an. Ein Stück Erlangen ging mit dem Abbruch des Richthauses in der Hauptstraße 40 (links) aus dem Jahr 1687 für immer verloren.

Die Hauptstraße 23 im Jahr 1935. Zu sehen ist die Filiale der von 1918 bis 1938 in diesem Haus ansässigen Bayerischen Hypotheken- und Wechselbank, vorher Bankgeschäft Johann Leonhard Hertlein, dem der Stadtmagistrat 1891 den Titel eines „Königlichen Kommerzienrates" verlieh.

Das gleiche Gebäude ein Jahr später. Erbaut wurde es 1687/88, das zweite Obergeschoss und der Holzerker folgten 1866. Das Rokoko-Sandsteinportal stammt aus dem Jahr 1770. 1882 erblickte in diesem Haus die wohl weltweit bekannteste Mathematikerin Emmy Noether das Licht der Welt.

Erlangen war schon immer bekannt für seine vielen (mehr oder weniger guten) Gast- und Schankwirtschaften. An die 300 Stück sollen es einst gewesen sein. Wegen des preiswerten Mittagessens war der „Halbe Mond“, der um 1810 dann „Gasthaus Oppelei“ (Pachtwirt Peter Oppel) hieß, bei den Studenten sehr beliebt. Der Gasthof gab der Halbmondstraße 1790 ihren immer noch bestehenden Namen. Das Foto entstand um 1925.

Der „Gasthof Roter Ochs" in der Hauptstraße 24 im Jahr 1929. Das Haus wurde 1688 erbaut, der „Rothe Ochse" 1718 erwähnt. 1957 musste die Gaststätte schließen.

Die sogenannte Gorups-Kapelle (Chemisches Laboratorium) von der Schlossgartenseite (Südansicht) kurz nach ihrer Fertigstellung in der Zeit um 1860. Das Gebäude wurde 1951 total umgebaut und beherbergt heute das Institut für Umwelthygiene und Präventivmedizin der Universität. Im Hintergrund sieht man den Redoutensaal.

Das Institut für Geologie im Schlossgarten besaß zum Zeitpunkt der Aufnahme 1896 noch ein Uhrtürmchen. Vorläufer war die mit verschiedenen Namen bezeichnete markgräfliche Schloss-, Hof- oder Konkordienkirche, deren Grundstein am 5. August 1708 gelegt worden war.

Das Reiterdenkmal im Schlossgarten, ein unvollendetes Werk von Elias Räntz aus dem Jahr 1717, stellt eine Huldigung an den Markgrafen Christian Ernst dar. Hier ist es im Jahr 1953 zu sehen. Den riesigen Steinblock hatte man von einem Steinbruch vom Burgberg mit über 80 Stück Vieh auf einer „Schleife" in den Schlossgarten geschleppt. Christian Ernst erlebte die Fertigstellung seines Denkmals nicht mehr; er verstarb am 10. Mai 1717 im Erlanger Schloss.

König Ludwig I. von Bayern stiftete 1843 anlässlich der 100-Jahr-Feier der Universität das bronzene Denkmal des Gründers der Alma Mater, Markgraf Friedrich von Bayreuth. Entworfen wurde es von Ludwig von Schwanthaler, gegossen aus erbeuteten türkischen Kanonen von J.B. Stiglmaier, der auch die Bavaria auf der Theresienwiese in München schuf.

„Inmitten des Marktplatzes steht der 1889 aus Mitteln der Paulistiftung errichtete Kunstbrunnen mit Reliefs und zwei sitzenden Erzfiguren, den Gewerbefleiß Erlangens und die an der Hochschule gepflegte Wissenschaft versinnbildlichend", so eine Beschreibung aus dem Jahr 1909. Es wurden in früheren Jahrzehnten mehrfach Vorschläge gemacht, den Brunnen zu „vereinfachen" – es sollte nur noch das Brunnenbecken erhalten bleiben. Die Erlanger lehnten dieses Ansinnen ab und so blieb der Paulibrunnen bis heute der Nachwelt erhalten.

Auf der Ostseite des Hugenottenplatzes gewährt die Apothekergasse freien Durchblick auf den Turm der evangelisch-lutherischen Kirche der Neustadt. Das Haus rechts gehörte zum Komplex der ehemaligen Ritterakademie (jetzt Buchhandlung und Geschäftshaus). Links sieht man die „Herren-Ecke", ein ehemaliges Bekleidungsgeschäft, gegründet 1902 von Hans Frohberger (nunmehr ein Café).

◄ Der Bahnhof im Jahr 1904. „Um Platz für das Bahnhofsgebäude zu gewinnen, wurde vom 13. Februar 1843 ab das dortige Altensteinsche Palais eingelegt. Aus Kostengründen wurde zunächst nur ein eingeschossiger Bau mit offener Säulenhalle errichtet. 1848 und 1853 war der Zutritt in den Bahnhof während der Ankunft und Abfahrt der Züge allen Personen verboten, welche nicht mitfahren wollten", so der Chronist von 1898.

Wohl kaum ein Fremder oder Neu-Erlanger wird dieses Haus bei einem Bummel durch die Neustadt finden. Es steht eingeengt in der Südlichen Stadtmauerstraße 21 und dient seit 1935 dem Christlichen Verein Junger Menschen (CVJM) als Domizil.

◄ Der in den 1960er-Jahren angebrachte Vorbau wurde 1991 anlässlich einer umfangreichen Sanierungsmaßnahme entfernt und die Arkaden wieder sichtbar gemacht. Den Bahnhofsvorplatz hat man zwischenzeitlich vom Autoverkehr befreit.

◄ Das Amtsgericht in der Sieboldstraße ist ein Relikt aus der NS-Zeit und wurde zusammen mit dem Gefängnis in den Jahren 1938 bis 1941 als Nebenstelle des Landgerichts Nürnberg-Fürth erbaut.

Vor dem Nürnberger Tor stand bis 1953 das Examinatorenhaus mit weit vorkragendem Walmdach. Zu den Aufgaben des Torwächters gehörte bis 1923, fremden Bettlern den Zugang zu verwehren, Fuhrwerke zu kontrollieren und Pflasterzoll zu erheben.

◄ Als der Fotograf 1904 diese Aufnahme vom Nürnberger Tor mit Blick in die Hauptstraße machte, waren nur Fuhrwerke und Kutschen sowie Handwagen unterwegs. In der Stadt lebten damals rund 23.000 Einwohner.

Erlangen im Dritten Reich. Blick durch das Nürnberger Tor in die mit Fahnen „geschmückte" Hauptstraße.

Blick durch das Nürnberger Tor mit der westlichen Häuserfront der Hauptstraße, erbaut in den Jahren 1705/06. Schwerwiegende Eingriffe durch Abrisse und Umbauten nach 1950 zerstörten die alte Bausubstanz.

Das in der ersten Hälfte des 18. Jahrhunderts errichtete und 1945 durch die Amerikaner zerstörte Nürnberger Tor empfing in der NS-Zeit die Besucher der Stadt mit dem Hinweis „Juden sind hier nicht erwünscht".

Blick auf die Neustadt in Richtung Norden. Die alte Bausubstanz ist noch weitgehend erhalten. 1933, als diese Aufnahme entstand, wurde die Hauptstraße in Adolf-Hitler-Straße umbenannt.

Im Jahr 1906 bot sich von der Friedrichstraße/Innere Brucker Straße aus gesehen diese Perspektive der Hauptstraße zum Nürnberger Tor.

„Am Nürnberger Thor stehen noch auf beyden Seiten zum Theil sehr schöne Häuser, die leicht zu einer schönen Vorstadt anwachsen können", so steht es in einer Beschreibung von 1788. Mit der Vorstadt ist die Nürnberger Straße gemeint, die damals nur spärlich bebaut war.

Das erste Haus, das die Volksbank bezog, war das Anwesen der jüdischen Familie Katz-Benesi in der Hauptstraße 2, das die Nationalsozialisten in der sogenannten Reichskristallnacht am 9./10. November 1938 plünderten. Die Bewohner wurden herausgeholt, die Männer ins Gefängnis, Frauen und Kinder ins Obdachlosenasyl geschafft. Das war nur der Anfang. Im Sommer 1939 folgte die „Arisierung" des Hauses und die sechsköpfige Familie Katz-Benesi wurde im KZ Auschwitz vergast. Die Aufnahme stammt von 1942.

Spielmannszug des Katholischen Jungmännervereins und der Kapelle des Gesellenvereins beim Umzug am 1. Mai 1933 in der Nürnberger Straße. Links steht das Haus der Reichspost-Kraftfahrzeugstelle.

Schienengleiche Überfahrt in der Inneren Brucker Straße um 1930. Schon im ersten Jahrzehnt des 20. Jahrhunderts erwog man die Auflassung des schienengleichen Übergangs. Am 28. März 1936 vollzog Oberbürgermeister Groß den ersten Spatenstich zum Bau der Fußgängerunterführung, u.a. auch in der Güterhallenstraße für Kraftfahrzeuge.

Seit nunmehr 300 Jahren befindet sich in dem Haus Innere Brucker Straße 19 ein Gasthof. 1725 erhielt der damalige Wirt des „Gasthof zum schwarzen Bären", Andreas Rübel, die Erlaubnis zum Umbau des Hauses. 1890 kaufte der spätere Königliche Rat, Kreisbranddirektor und Ehrenbürger der Stadt Erlangen, Hans Jäckel, die Gastwirtschaft, die heute in der vierten Generation von der Familie Clever geführt wird. Das Bild entstand um 1930.

Namensgeber der Friedrichstraße war vermutlich Markgraf Georg Friedrich Karl. Wegen der dort ansässigen Adelsfamilien, die sich noble Palais erbauten, nannte man die Straße auch „Straße des Adels". Die Friedrichstraße war ab etwa 1705 die erste Stadterweiterung nach Osten und endete am Bohlenplatz.

Die Innere Brucker Straße leitet ihren Namen vom 1924 eingemeindeten Markt Bruck ab. Die Aufnahme aus dem Jahr 1904 zeigt den alten Bauzustand der Häuser, den man nach dem Zweiten Weltkrieg durch Modernisierung, Ladeneinbauten und Abbruch wertvoller Bausubstanz wesentlich veränderte.

Das Gebäude Nürnberger Straße 10 ist das ehemalige Loewenich'sche Palais und laut einem Artikel im Erlanger Tagblatt vom 12. Juni 1933 „einst die Brutstätte der Verseuchung mit marxistischem Gift". Im Dritten Reich befand sich hier der Sitz der NSDAP-Kreisleitung. Das Foto stammt von 1935. 1976 wurde das Gebäude für ein Bekleidungshaus abgebrochen.

Die Neustädter (Universitäts-)Kirche mit dem Neustädter Kirchenplatz im Jahr 1928. Die gärtnerische Anlage wurde 1898 gestaltet. Nach 1950 wurde der Platz geteert, um Stellplätze für Autos zu schaffen. Heute, nach Entfernung der Asphaltdecke und Verbannung der Pkw, gehört der Neustädter Kirchenplatz wieder zu den ruhigen Bereichen in der Stadt.

Die drei Erdgeschosshäuschen in der Nürnberger Straße 11, 13 und 15 lagen außerhalb des Nürnberger Tores und werden 1774 erwähnt. Leider war der Denkmalschutz in den 1960er-Jahren noch ein „Fremdwort" und so fiel dieses barocke Ensemble dem Bau von Büro-, Praxis- und Geschäftsräumen zum Opfer.

Die Nürnberger Straße im Jahr 1980. Busse hatten eigene Spuren in beiden Richtungen, während für Autofahrer nur die mittlere Spur nach Norden blieb. Wo Radwege waren, säumt jetzt eine 1987 angelegte Baumallee Erlangens Flaniermeile.

Ab 1920 begann man mit der Kanalisierung des oberen Teils der Nürnberger Straße/Hilpertstraße für das neu erschlossene Wohnviertel der Baugenossenschaft Erlangen eG. Was heutzutage moderne Baumaschinen in wenigen Tagen besorgen, musste damals noch zum Großteil in monatelanger Arbeit mit Muskelkraft erledigt werden.

Mit der Ansiedlung der Firma Siemens nach dem Zweiten Weltkrieg entstand 1949/50 südlich des „Himbeerpalastes" ein neues Wohnviertel für Mitarbeiter des Weltkonzerns, auch „Klein-Berlin" genannt. In den Jahren 1950 bis 1952 folgte die Röthelheim-Siedlung und in den frühen 1960er-Jahren die Parkwohnanlage in der Friedrich-Bauer-Straße. Die Häuser errichtete die Siemens Wohnungsbau GmbH mit Beteiligung zahlreicher Bau- und Bauhandwerksbetriebe aus Erlangen und Umgebung.

Um den Waren- und Ausflugsverkehr in die östlichen Gebiete um Erlangen zu heben, weihte man am 17. November 1886 die gut 28 Kilometer lange Strecke der Sekundärbahn („Seku") Erlangen-Gräfenberg feierlich ein. Mit der zunehmenden Motorisierung nach dem Zweiten Weltkrieg wurde die Strecke immer unrentabler und Ende 1963 stillgelegt.

Diese vertraute und oft gewählte Ansicht des hier im Jahr 1916 zu sehenden Kaiser-Wilhelm-Platzes (jetzt Lorlebergplatz) versprüht einen Hauch von der Wilhelminischen Ära. Von 1897 bis 1946 zierte ein elf Meter hoher Obelisk mit Bronzereliefs den Platz. Benannt wurde er nach Oberstleutnant Werner Lorleberg, der die Stadt 1945 kampflos den US-Truppen übergab und so die Zerstörung abwendete.

Schon längst ist er verschwunden: Der Bahnhof Zollhaus im Zollhausviertel, Haltepunkt der „Seku". Früher wurde hier Pflasterzoll von den Durchreisenden erhoben.

Das um 1830 als Offiziershaus erbaute Sandsteingebäude beherbergte ab 1883 die erste Erlanger Säuglingsbewahranstalt, die bis 1937 noch als Tageskrippe bestand. Später war es das Heim der Hitlerjugend (HJ). Das Haus musste 1952 dem Neubau des Bettenhauses der Universitäts-Kinderklinik in der Loschgestraße weichen.

Erlangen
Kaiser-Wilhelm-Platz

Erlangen Loewenichstraße.

Anno 1926. Geprägt wird das Zollhausviertel von dem 1893 vollendeten Backsteinbau der Firma Reiniger, Gebbert & Schall, die hier in der Buckenhofer Landstraße (Nr. 45/47) – der jetzigen Luitpoldstraße – Röntgengeräte und „Zahnbohrmaschinen" fertigten. Rund 100 Mitarbeiter zählte der Betrieb seinerzeit. Zwischen den Weltkriegen – das Unternehmen firmiert in dieser Zeit unter Siemens-Reiniger-Werke AG – arbeiten hier 2.000 Menschen. Die Häuserfront aus der Gründerzeit ist in der Luitpoldstraße fast unverändert erhalten.

Ratternd dampft die „Seku" vorbei an den Verwaltungsgebäuden der Siemens-Schuckert-Werke in der Werner-von-Siemens-Straße in Richtung Hauptbahnhof. Der Zug fuhr manchmal so langsam, dass man während der Fahrt auf- und abspringen konnte.

1911. Die Loewenichstraße war damals das „Professorenviertel", also eine vornehme Wohngegend, in der auch bessergestellte Bürger lebten. Rechts ist die Fleischerei Betz zu sehen. Vorne überquert die Eisenbahnschiene der Sekundärbahn Erlangen-Gräfenberg die Straße.

Oberbürgermeister Michael Poeschke und der seinerzeitige Bayerische Ministerpräsident Wilhelm Hoegner beim Richtfest für die 1000. Wohnung der Gemeinnützigen Wohnungsbaugesellschaft (GEWOBAU) der Stadt Erlangen im Jahr 1957. Poeschke leitete von 1946 bis 1959 die Geschicke der Stadt.

1930 wurde unter dem Prorektor Professor Max Busch auf dem Puchtaplatz (seit 1937 Langemarckplatz) das Studentenhaus nach Plänen des Münchner Architekten Carl Sattler eröffnet, das neben der Mensa auch einen großen Festsaal enthält. Dahinter sieht man das 1902 fertiggestellte Prinzregentenschulhaus.

Die Sieboldstraße/Hofmannstraße wird beherrscht von der St.-Bonifazius-Kirche, die 1928 als erster moderner Kirchenbau Erlangens von Professor Fritz Fuchsenberger errichtet wurde. Damals stand das Gotteshaus noch „einsam auf weiter Flur".

ERLANGEN
Neue Infanterie-Kaserne

Die Infanteriekaserne, erbaut in den Jahren 1890 bis 1893 auf dem Gelände zwischen der heutigen Drausnick-, Schiller-, Moltke- und Wilhelmstraße, war neben der Jägerkaserne (Alte Kaserne) in der Bismarckstraße der zweite Truppenstandort in Erlangen. Das Bild zeigt sie im Jahr 1908. Nach dem Zweiten Weltkrieg wurde die Kaserne in Sozialwohnungen umgewandelt, 2009 erfolgte der Umbau in Studentenappartements.

Die Glückstraße an der Ecke zur Östlichen Stadtmauerstraße. Die beiden Häuser im Vordergrund der Ansichtskarte von 1913 stammen noch aus der wilhelminischen Zeit und mussten für ein 1963 eingeweihtes Personalwohnheim der Universität weichen.

Die Sieglitzhofer Straße/Drausnickstraße im Jahr 1956. Zu sehen ist die Markuskirche mit dem Löhehaus. Die im Osten der Stadt erbaute evangelisch-lutherische Markuskirche wurde 1955 geweiht. Das anschließende Löhehaus war bereits 1951 als Gemeindehaus und Studentenheim in Betrieb genommen worden.

1963 hatte der Bohlenplatz noch keinen Namen. Man kannte ihn einfach als Ort „bey der Teutschen Reformierten Kirche". In den 1770er-Jahren erscheint auch der Name „Kleinpolen". 1843 heißt es in einem Büchlein: „Im Polen ist es wenig sauber und reinlich." 1872 erhielt der Platz seinen heutigen Namen und wurde viele Jahrzehnte als „Arme-Leute-Viertel" bezeichnet.

Einfahrt zur Panzerkaserne in der Hartmannstraße. Die Kasernengebäude wurden im Frühjahr 1998 abgerissen, um Platz für die Verlagerung des Unternehmensbereichs Medizinische Technik der Siemens AG zu schaffen. Die von der Wehrmacht im Dritten Reich errichteten Gebäude wurden von 1945 bis 1994 von der US-Armee besetzt.

Die nördliche Seite des Bohlenplatzes mit Blick in die Obere Karlstraße um 1920. Im Jahr 1909 sollte der Bohlenplatz bebaut werden. Engagierte Bewohner setzten seine „Freihaltung" durch, so wurde dieser wichtige Innenstadtplatz erhalten.

Erlangen,
Bohlenplatz.

Die erste Frauenklinik oder Entbindungsanstalt wurde 1854 in der Krankenhausstraße südlich der Medizinischen Klinik eröffnet. 1870 kam eine gynäkologische Abteilung mit vier Betten hinzu. Direktor war Professor Eugen Roßhirt (1798–1872). 1876 hatte der zweiflügelige Bau ausgedient und auf dem Terrain erbaute man von 1903 bis 1906 das Pathologische Institut. Fotografie von etwa 1890.

Das Alte Pathologische Institut in der Krankenhausstraße um 1905. Der Bau wurde am 31. Oktober 1873 bezogen und kostete 21.300 Gulden. Der Abbruch erfolgte am 9. Oktober 1905. Erster Direktor des Instituts war Professor Dr. Friedrich Albrecht Zenker, „einer der hervorragendsten Pathologen seiner Zeit, welchem wir u.a. die Entdeckung der menschlichen Trichinose, die Begründung der Lehre von den Staubinhalationskrankheiten und der Speiseröhre verdanken".

Die Medizinische Klinik in der Krankenhausstraße um 1915. Das zweite Stockwerk wurde 1863 aufgesetzt. Schon 1824 gab es ein „Akademisches Krankenhaus", für das Georg Simon Ohm den Plan fertigte und in dem „alle Dienstboten Anspruch auf freie Aufnahme und Verpflegung im Krankheitsfalle haben, ebenso arme und zahlungsunfähige Bewohner der Stadt". Zum Inventar gehörten zwei „Bettschüsseln, zinnern mit ledernen Polster" und zwei Thermometer.

Der Erweiterungsbau der Medizinischen Klinik in der Krankenausstraße, ebenfalls um 1915. Er wurde in den Jahren 1899/1900 unter der Leitung des Klinikdirektors Professor Dr. Adolf von Strümpell errichtet. „Die Klinik platzt aus allen Nähten. Mit Wanzen, welche die alten Wände bewohnen, muß ein beständiger Kampf geführt werden. Auf dem Boden hausen Fledermäuse. Die Betten sind so eng aneinandergereiht, daß dadurch große Unannehmlichkeiten entstehen", beklagte sich Strümpell vor der Erweiterung.

Die Loschgestraße 1962. Der „lange Walfisch" stammt aus dem Jahr 1799. Von der preußischen Regierung wurde das Haus als Lazarett erbaut, diente dann 50 Jahre lang als Armenhaus und Spital „für männliche und weibliche hilflose oder doch zum Teil arbeitsunfähige Personen, Blödsinnige und Wahnsinnige oder auch solche Subjekte mit ekelerregenden widrigen Anblick". Ab 1945 kurzzeitig von den Siemens-Schuckert-Werken als Verwaltung genutzt, war der Bau Kinderklinik bis 1963.

Die Wiege der Kinderklinik war das 1861 von Professor Hegel erbaute Wohnhaus an der Ecke Loschge-/ Krankenhausstraße. Nach seinem Tod erwarb es 1902 die Universität für die im Frühjahr 1905 darin eröffnete Kinderklinik. Erster Direktor war der Internist Fritz Voit. 1906 wurden 220 Kinder stationär behandelt und 1910 bereits über 400. Im August 1963 kamen Bagger und Planierraupen, um Platz für einen großzügigen Neubau (Behandlungstrakt) zu schaffen. Das Bild entstand 1962.

Der Maximiliansplatz im Jahr 1908. Bei der Betrachtung dieser Ansicht fühlt man sich in südliche Gefilde versetzt. Das Hauptgebäude der Heil- und Pflegeanstalt gleicht eher einem italienischen Palazzo als einem Verwaltungsbau. Das Brunnenbuberl steht seit 1906 immer noch an gleicher Stelle. Denkmalschänder zerstörten jedoch 1956 den Sockel samt Faunskopf.

Die frühere Heil- und Pflegeanstalt (die Erlanger sagten „Hupfla" oder „Altstädter Spinnerei") am Maximiliansplatz. Der Mittelbau ist kreuzförmig angelegt. Das Luftbild zeigt den kompletten Baubestand um 1950. Aus der Zeit der 1846 eröffneten „Kreisirrenanstalt" sind heute nur noch zwei denkmalgeschützte Gebäude vorhanden. Seit der Verlegung der Anstalt 1976/77 in den Stadtwesten befindet sich auf dem riesigen Areal das Universitätsklinikum.

Das Brunnenbuberl am Maximiliansplatz schuf 1906 der Münchner Bildhauer Professor Matthias Gasteiger. An dem nackten Büblein nahmen manche prüden Betrachter Anstoß, und so haben 1956 Denkmalschänder nicht nur das Brunnenbuberl selbst zerstört, sondern auch den Sockel mit dem Faunskopf. Erst 1963 wurde das Brunnenbuberl wieder aufgestellt, allerdings unter Weglassung des Faunskopfes. Eine Zweitfertigung des „Buberls" steht übrigens am Stachus in München.

Erlangen war seit dem Einzug des 6. Königlich Bayerischen Jägerbataillons im Jahr 1868 bis zum Abzug der amerikanischen Truppen 1994 Garnisonsstadt. Die Infanteriekaserne, 1877/78 als Backsteinbau in der Bismarckstraße bezogen und ab 1919 als Notwohnungen („Wanzenburg") vermietet, wurde 1953 abgerissen. Das Bild stammt von 1911. Auf dem etwa elf Hektar großen Areal entstanden später Neubauten der Universität.

Mit Natureis beladene Pferdefuhrwerke ziehen 1934 über den Theaterplatz zur Erich-Bräu am Altstädter Kirchenplatz. Das Eis, das zur Kühlung des edlen Gerstensaftes diente, gewann man aus dem im Winter zugefrorenen Ludwigskanal sowie aus den Rudelsweihern.

Mit der gründerzeitlichen Stadterweiterung nach Osten in den Jahren 1889 bis 1895 baute man für das „bessere Bürgertum" dreigeschossige und meist mit Backsteinfassaden ausgestattete Mietshäuser. Das Restaurant „Fürst Bismarck", das es schon lange nicht mehr gibt, war das Stammlokal für die Soldaten der Infanteriekaserne. Hier ist es 1913 zu sehen.

ERLANGEN Kaserne des Kgl. bayr. 19. Inf.-Reg.

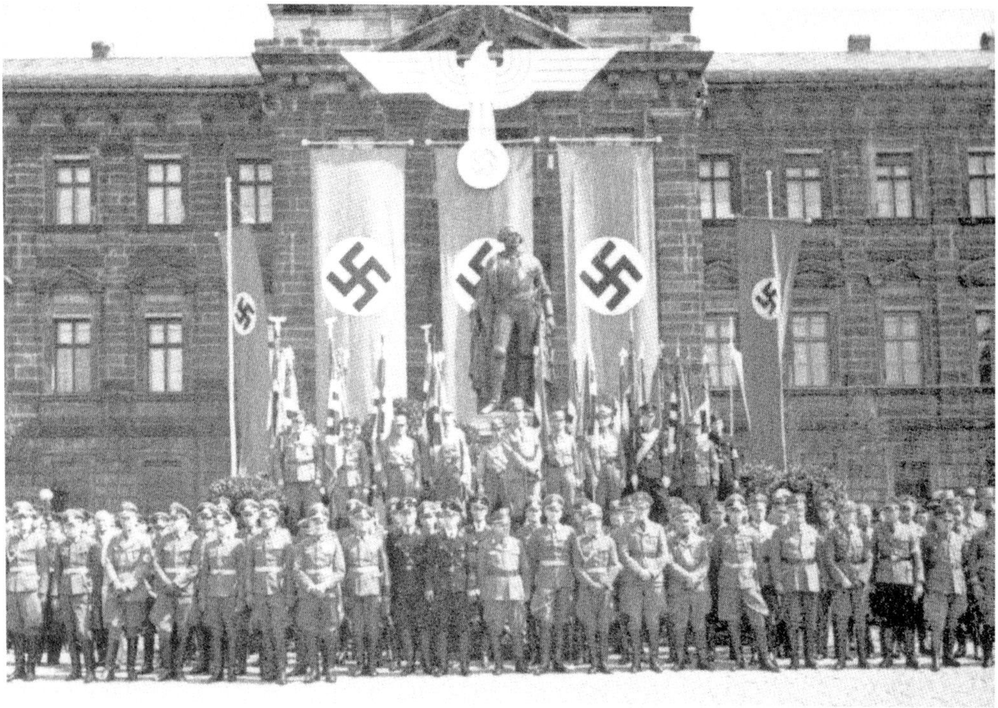

Während der zwölfjährigen Herrschaft der Nationalsozialisten von 1933 bis 1945 verging kaum ein Jahr, in dem nicht Aufmärsche und Kundgebungen vor der Kulisse des Schlosses stattfanden. Von 1934 bis 1944 war das Rathaus fest in der Hand des NSDAP-Oberbürgermeisters Alfred Groß. Von 1933 bis zur Aberkennung 1983 war Adolf Hitler Ehrenbürger von Erlangen.

Die Luitpoldstraße 1934 im „Fahnenschmuck".

3

Schlossplatz und Marktplatz

Ab 1814 fuhren vor dem Schloss keine Adeligen mehr mit ihren Pferdedroschken vor. Nach dem Brand von 1814 und dem Tod der letzten Markgräfin Sophie Caroline Marie im Jahr 1817 war der Platz verwaist. Er diente später für Märkte und Messen, im Dritten Reich für Aufmärsche und nach dem Krieg für Frühlingsfeste, Demonstrationen, Kundgebungen und dem Ende November stattfindenden Weihnachtsmarkt.

Blick von der Paulistraße auf den Schlossplatz mit dem Schloss. Die Innenstadt verlor als Lebensraum in den 1960er-/1970er-Jahren immer mehr an Anziehungskraft, da sämtliche Plätze und viele Wohnstraßen rigoros zugeparkt wurden. Auch der Verkehrslärm und die Luftverschmutzung nahmen rapide zu. Zwischenzeitlich wurden die Plätze von den „Blechlawinen" befreit und sind jetzt als Ruhepol für stressgeplagte Menschen ausgewiesen.

Das ab 1700 erbaute Schloss war Nebenresidenz der Markgrafen von Bayreuth und bis 1814 dreimal Witwensitz. 1818 erbte die Universität das Gebäude von der letzten Markgrafen-Witwe Sophie Caroline Marie.

Auf dieser Ansichtskarte aus den 1920er-Jahren herrscht noch wenig Leben auf dem Markt- und Schlossplatz. Die ehemalige Reichsstraße (später B4) und zugleich Hauptstraße teilt den Platz in zwei Hälften. Der vornehmere Platz war der Schlossplatz. Hier fuhren die Kutschen des markgräflichen Hofstaates vor. Die Westseite, der jetzige Marktplatz, blieb den Kaufleuten vorbehalten. Links sieht man die Hofküche und an der Ecke das Gesandtenhaus, das 1958 für einen Neubau abgebrochen wurde. An der Südwestseite steht das Palais Stutterheim.

Das Palais Stutterheim, das der Amtshauptmann Christian Hieronymus von Stutterheim in den Jahren 1728 bis 1730 erbauen ließ, ist der bedeutendste Monumentalbau des Marktplatzes. Von 1836 bis 1971 Rathaus, ist es seitdem Sitz der Stadtbibliothek.

Schon kurz vor Morgengrauen herrscht reges Treiben auf dem Erlanger Wochenmarkt. Da werden die Stände fein säuberlich aufgebaut, denn an Markttagen ist immer viel los. Ob es stimmt, was ein Zeitgenosse 1792 niederschrieb, „daß die Gemüse- und Obsthändler ein starker, arbeitsamer, eben nicht schöner Schlag Leute (seien), der sich durch Grobheit und Unreinlichkeit auszeichnet"?

Obst und Gemüse werden auf dem Marktplatz vor der Kulisse des Markgrafenschlosses feilgeboten. Die „Marktweiber" aus dem Umland mit ihren bunten Trachten sind längst vom Erlanger Wochenmarkt verschwunden.

Bauersfrauen aus dem Forchheimer Land preisen 1966 auf dem Erlanger Wochenmarkt ihre Erzeugnisse an, vielleicht mit den Worten „Scheena Budaggn, Retti odder Suppnhenna hetti, aa ganz frischa Woar" („Kartoffeln, Rettich oder Suppenhühner hätte ich, eine ganz frische Ware"). Und als Fazit vermutlich: „Allmächt, heit hamer nu goar nix verkaaft vor lauter Ratscherei."

Marktstand der Familie Barthelmeß, die schon um 1910 auf dem Wochenmarkt Obst und Gemüse verkaufte. Zu einem Schwätzchen am Stand hatte man immer Zeit.

Markttag rund um den Paulibrunnen. Der für die Neustadt 1692 für Dienstag, Donnerstag und Samstag festgesetzte Wochenmarkt findet noch heute statt.

War der Marktplatz mit Ständen manchmal nicht so gut bestückt, dienten die freien Flächen als Abstellplatz für Autos.

4

Hugenottenplatz

Nahezu unverändert bot sich der Hugenottenplatz um 1900 den Besuchern der Stadt so dar, wie er bereits Ende des 17. Jahrhunderts ausgesehen hatte. Links befindet sich die Buchhandlung Theodor Blaesing, die bis 1927 existierte, rechts das „Café National", in dem die Honoratioren verkehrten, unter anderem der Schriftsteller Ludwig Thoma (1867–1921) während seiner Erlanger Studentenzeit.

Die evangelisch-reformierte Kirche am Hugenottenplatz war das erste Gotteshaus der aus Frankreich wegen ihres Glaubens geflüchteten „Refugiés" in Deutschland. Markgraf Christian Ernst machte den „Temple" den Hugenotten zum Geschenk.

Der Hugenottenplatz, hier in den 1910er-Jahren zu sehen, ist der älteste Platz in der 1686 aus dem Boden gestampften Erlanger Neustadt. Im Laufe seiner über 320-jährigen Geschichte hatte er mehrere Namen: „Marche du bois", „Holzmarkt", „Französischer Markt" und „Luitpoldplatz". Seinen jetzigen Namen erhielt der „Hugo" 1936 zur Erinnerung an die 250. Wiederkehr der Ankunft der Hugenotten. Am 22. Mai 1976 wurde der Platz Fußgängerzone.

Der Hugenottenplatz im Wandel der Zeit. Zwischen diesen Bildern liegt eine Zeitspanne von 50 Jahren, nämlich von 1922 bis 1972. Es lebten in der Stadt erst 29.597 Einwohner. Der „Hugo“ war das Kommunikationszentrum. Dort trafen sich die Erlanger zum „Ratschen“ oder man verabredete sich in den naheliegenden Cafés.

Am Hugenottenplatz stehen an den Ecken zur einmündenden Hauptstraße sogenannte Richthäuser von 1688. Das Haus rechts, der Schuh-Schuster, wurde für einen Neubau abgerissen. Auch das Gebäude auf der linken Seite hat man baulich verändert.

Schon 1958 war der „Hugo" ein belebter Platz. Nur noch wenige Erlanger erinnern sich an das Kaufhaus HEKA, das 1998 nach mehr als einem halben Jahrhundert in Konkurs ging.

1950 installierte man die erste von den Siemens-Schuckert-Werken gestiftete Verkehrsampel am Hugenottenplatz. 1953 kam eine etwa sechs Meter hohe Kanzel zur Verkehrsüberwachung hinzu und am 25. Oktober 1957 wurden Parkuhren für Pkw eingeführt.

Auf dem Hugenottenplatz parkten in den 1960er-Jahren die Automobile. 1976 wurde er als Fußgängerzone umgestaltet. Auf der Westseite ist der Platz den Bussen der VAG-Verkehrsbetriebe vorbehalten.

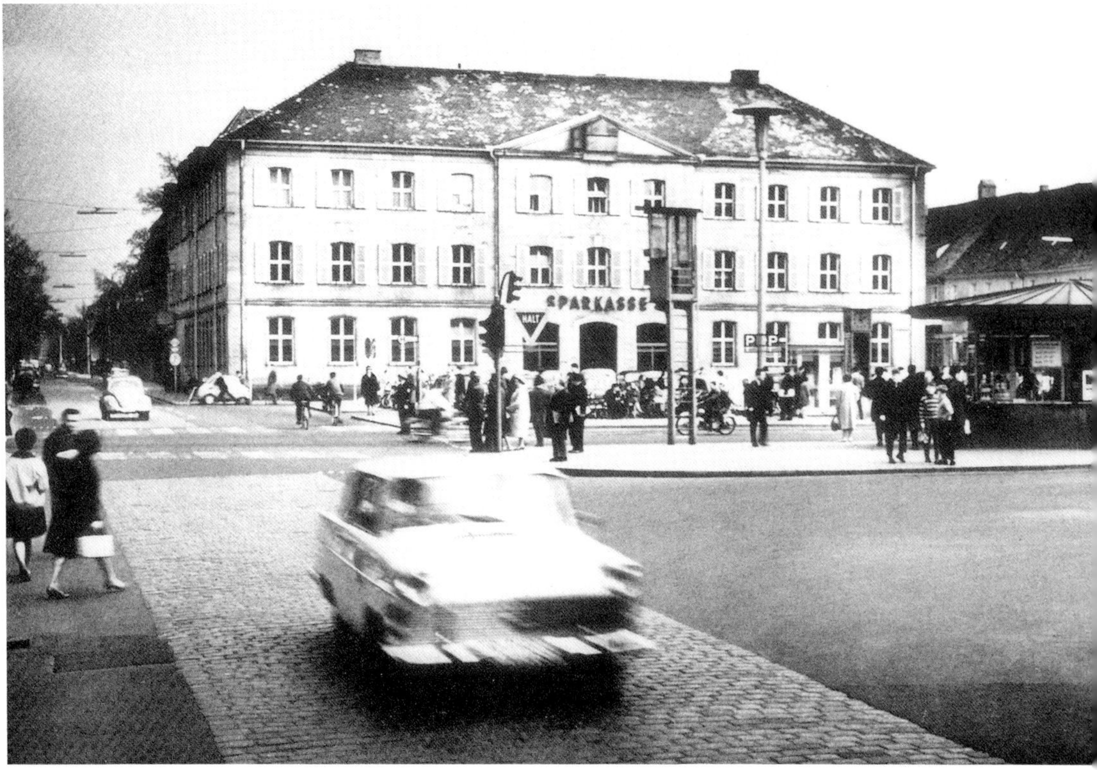
SPARKASSE
HALT

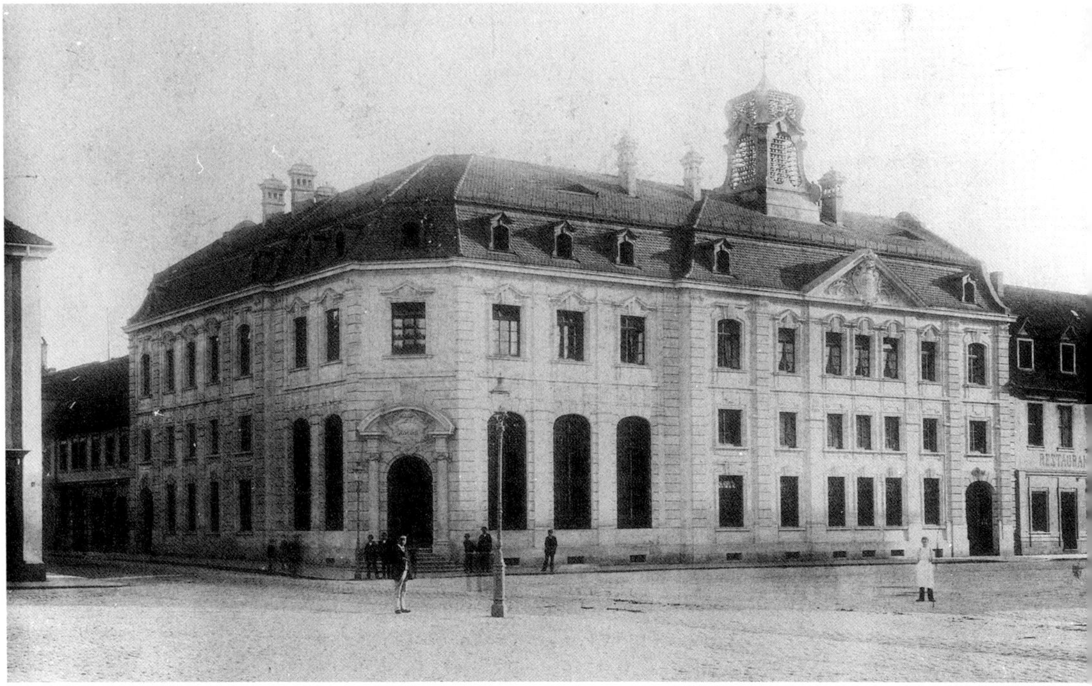
RESTAURAN

Den Hugenottenplatz schmückte 1690 auf der Ostseite ein prächtiges Adelspalais, das 1863 einem Schulhaus weichen musste. Den dreigeschossigen Quaderbau erwarb 1935 die Stadt- und Kreissparkasse, um dem 1968 eingeweihten Neubau der Sparkasse Platz zu machen.

1957 stehen die Erlanger am Hugenottenplatz und entlang der Hauptstraße Spalier. Grund dafür war der Besuch des Bundeskanzlers Konrad Adenauer kurz vor der Bundestagswahl im September 1957. In der Jahnturnhalle fand die große Wahlkundgebung statt. 3.500 Besucher waren gekommen, um den ersten Kanzler der Bundesrepublik Deutschland zu sehen.

1898 eröffnete die Bayerische Postverwaltung einen neubarocken Bau, dem ein Richthaus von 1688 weichen musste. Die damalige „Königliche Hauptpost" am Luitpoldplatz (erst 1936 hieß der Platz Hugenottenplatz) bezog im Jahr 1973 einen Neubau in der Güterhallenstraße, nunmehr die „Erlangen Arcaden".

Kundgebung zum Tag der Kriegsgefangenen 1952 auf dem Schlossplatz. Erst 1955 erreichte Bundeskanzler Konrad Adenauer in Moskau die Rückkehr der letzten deutschen Kriegsgefangenen.

5

Gewerbebetriebe und Handwerk

Die Siemens-Reiniger-Werke (SRW) gingen aus einer kleinen mechanischen Werkstatt hervor, die der Universitätsmechaniker Erwin Moritz Reiniger 1877 gegründet hatte. 1932 erfolgte der Zusammenschluss mit der Siemens AG. Der gewaltige Firmenkomplex in der Gebbert-, Henke- und Hartmannstraße wurde später abgebrochen und am 14. Februar 2000 ein neues Werk im Röthelheimpark bezogen.

Oben: Der im Volksmund sogenannte Himbeerpalast, erbaut in den Jahren 1948 bis 1953 als Verwaltungssitz der Siemens-Schuckert-Werke. Mitte: Fabrikgebäude der Siemens-Reiniger-Werke in der Henkestraße, abgebrochen 1999. Unten: Paul Gossen GmbH, Fabrik für Messgeräte in der Nägelsbachstraße. Der Firmensitz wurde 1992 geschlossen und nach Nürnberg verlegt, wo man sich mit Metrawatt GmbH vereinigte.

Die Chemische Industrie mit dem Sitz in der Rathenaustraße 18 (Firmenname CHING) wurde 1927 von Dr. Ing. Albert Werner (1878–1949) gegründet und exportiert Produkte in alle Welt. Werner entwickelte neuartige Verfahren zur Herstellung von Bleisauerstoffverbindungen, so unter anderem eine hochdisperse Bleimennige feinster Teilchengröße. Das Bild entstand 1928.

Das Bürohaus der Siemens-Schuckert-Werke wird 1962 fertiggestellt. Der gewaltige Bau, „Glaspalast" genannt, überragt mit seinen 17 Stockwerken und einer stattlichen Höhe von etwa 60 Metern alle Gebäude Erlangens.

Die Kitzmann-Bräu geht zurück auf ein markgräfliches Konzessionsdekret vom 1. Dezember 1712 für Leonhard Wernand de Buirette von Oehlefeld und Christof Bever. 1833 gelangte die Brauerei an Johann Lorenz Kitzmann, dessen Nachkommen die Braustätte bis Ende September 2018 führten.

Die Brauerei Kitzmann gehörte zu den mittelgroßen Braubetrieben in Erlangen mit eigener Malzfabrik. Das Bild zeigt den Brauereikomplex an der Südlichen Stadtmauerstraße in den 1920er-Jahren.

Die Erich-Bräu geht auf das Jahr 1718 zurück. Begründer war Bäckermeister und Bierbrauer Georg Heinrich Windisch. 1848 erwarb Franz Erich die Brauerei, die 1975 den Braubetrieb einstellte. Das Brauereianwesen am Altstädter Kirchenplatz blieb erhalten und beherbergt heute ein Sozialzentrum.

Das Bergkirchweih-Bier wurde damals noch in Holzfässern gelagert. 3.600 Maß Bier gingen in so ein Fass hinein. Um all das Gebräu kühl zu lagern, wurden tiefe Felsenkeller angelegt, in denen das Bier in aller Seelenruhe reifte.

Die Henninger-Reifbräu war die älteste Brauerei in der Neustadt Erlangen und wurde bereits in den 1690er-Jahren gegründet. Die Brauerei exportierte ihr Bier einst in viele europäische Länder und nach Übersee. 1972 übernahm ein Konzern die Henninger-Reifbräu und zwei Jahre später folgte die Schließung. Auf dem Gelände entstand 1975 der Altstadtmarkt.

Die Tradition der Steinbach-Bräu geht zurück auf eine Thurn und Taxische Poststation von 1653. Seit 1861 befindet sie sich im Besitz der Familie Steinbach. Nach mehr als 70-jähriger Unterbrechung ab 1923 nahm man 1995 den Braubetrieb wieder auf.

Aus dem Jahr 1924 stammt dieses Gruppenbild der um 1900 gegründeten Bau- und Möbelschreinerei Popp in der Waldstraße 18. Popp war zu dieser Zeit Erlangens größter Handwerksbetrieb. Die Firma wuchs weiter rasant und wurde vor einigen Jahren nach Forchheim verlegt.

Die Zucker & Co. AG wurde 1869 gegründet. Ab 1896 war sie in der Bayreuther Straße ansässig, 1989 erfolgte die Stilllegung. Auf dem Fabrikgelände entstanden Studentenwohnungen und ein Hotel.

Die Bäckerei Johann Müller um 1928. Bereits 1908 kaufte Friedrich Müller das Haus Bayreuther Straße 37. Dort gründete er im selben Jahr eine Bäckerei, die später Sohn Konrad übernahm. Dessen Tochter heiratete 1960 den Bäckermeister Georg Gulden, den Erfinder der weit über Erlangens Grenzen hinaus bekannten „Gulden Brezen".

Blick in die Backstube der Bäckerei um 1928. Brot und Semmeln wurden noch in altbewährter Weise per Hand hergestellt. „Die hiesigen Beckereyen … sind die besten im ganzen Lande. Etwas neues … ist es, daß die Becker den Teig mit Regenwasser einmachen." (Füssel, Unser Tagbuch, 1788)

6

Geselligkeit, Sport, Veranstaltungen

Das Bild zeigt die Stammtischbrüder des 1907 gegründeten Stammtisches „Mir songs net" vor dem Gasthaus „Goldener Zirkel" in der Friedrichstraße. Der regelmäßige Stammtischbesuch war Ehrensache. Wer nicht erschien, wurde dazu verurteilt, eine Runde Bier auszugeben. Eine halbe Maß Bier kostete damals 20 Pfennig.

Eine gutbürgerliche Gesellschaft von Stammgästen in der Brauerei Kitzmann, dazu die Holzfässer, die sicherlich im Laufe eines geselligen Abends geleert wurden. Die Aufnahme entstand um 1910.

Der Radlerclub Triumph um 1910 am Schlossplatz. Im Jahr 1905 gab es in Erlangen fünf „Radfahrvereine" und schon „1898 waren 1.281 Personen im Besitze von Fahrrädern, die sie ebensowohl zu Vergnügungsfahrten als bei der Ausübung der Geschäfte (Bader, Schutzleute, Arbeiter) benützen", berichtet die Chronik.

Der Stammtisch „Grüner Zweig" vor dem Gasthaus „König Otto" (Henkestraße/Ringstraße) in den 1930er-Jahren. Der Stammtisch, 1928 gegründet, zählte zeitweise mehr als 50 Mitglieder. Um eine Verordnung zu umgehen, die Gruppen über 50 Personen als eingetragenen Verein vorsah, wurden zwei Mitgliederverzeichnisse geführt: ein offizielles und ein inoffizielles. Außerdem verfügte der Stammtisch über eine eigene vier Mann starke Kapelle.

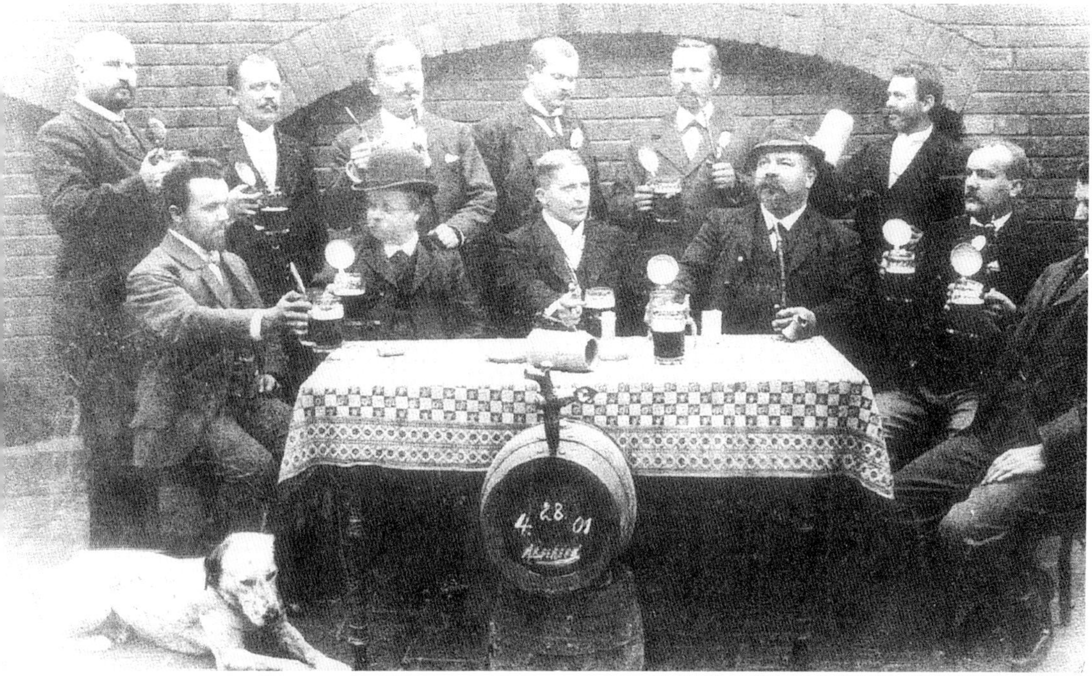
4. 28. 01

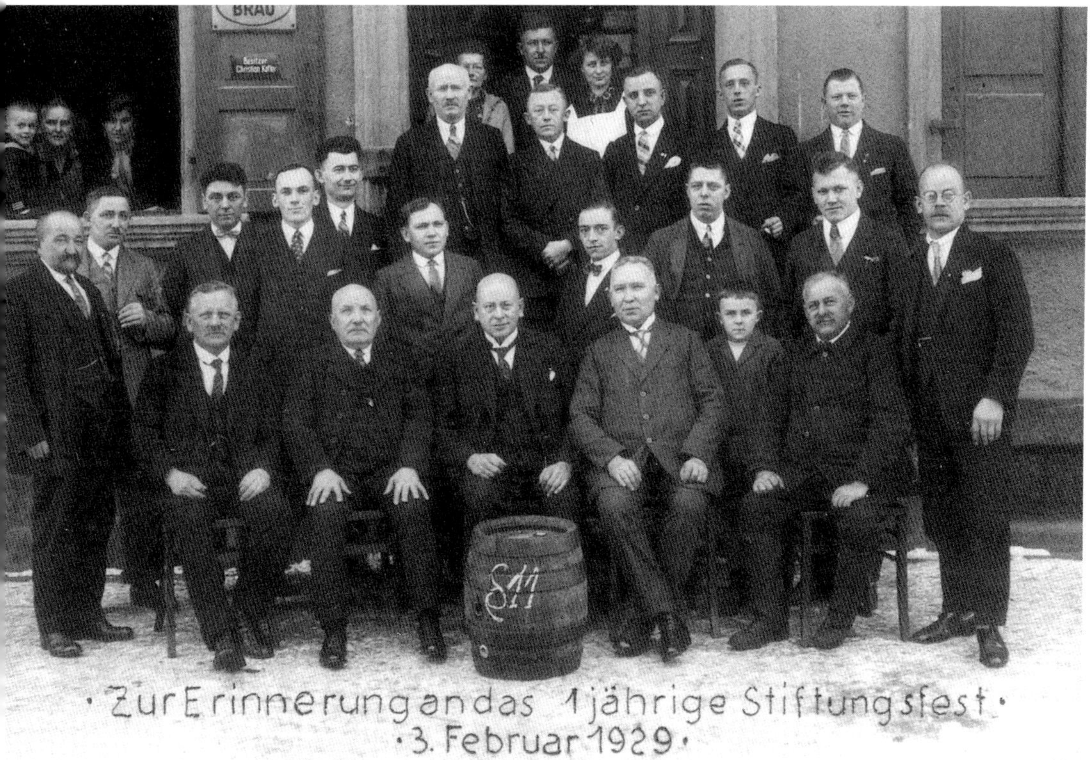
BRAU
·Zur Erinnerung an das 1jährige Stiftungsfest·
·3. Februar 1929·

Frühschoppen der 1836 gegründeten Christlichen Studentenverbindung Uttenruthia vor der „Restauration Christian Holzberger" in der Neuen Straße/Katholischer Kirchenplatz.

Anno 1900 gab es in der Stadt ungefähr 180 Vereine und Stammtische. Einer davon nannte sich „Die Bierfeinde". Allerdings sagt das Vereinsregister nichts darüber aus, wie bierernst der Vereinsname von seinen Mitgliedern genommen wurde.

Erlangen war die Wiege des studentischen Verbindungswesens. Hier gab es schon 1798 mit der Gründung der Ansbacher Landsmannschaft (Corps Onoldia) die erste Studentenverbindung Deutschlands. Das Foto von etwa 1920 zeigt Angehörige der Katholischen Studentenverbindung Gotha vor ihrem Haus in der Bismarckstraße.

RESTAURANT

Die Bergkirchweih, die es seit Mitte des 18. Jahrhunderts gibt und aus dem Pfingstjahrmarkt rund um den Altstädter Kirchenplatz hervorging, ist das älteste Bierfest Europas. Das Foto aus der Zeit um 1905 zeigt eine größere Menschenmenge vor dem Felsenkeller der Reif-Brauerei.

Mittelpunkt der Bergkirchweih ist nach wie vor der Erich-Keller, der sich auch heute noch eines großen Zulaufs erfreut. Den Keller bewirtschaftete in den 1930er-Jahren Fritz Berthold, der später in der Luitpoldstraße eine Wäscherei betrieb.

Vor rund 150 Jahren existierten in Erlangen 18 Brauereien. Die größte war die Henninger-Reifbräu, die bis 1974 braute und mit einer Länge von 861 Metern den längsten Felsenkeller besaß. In den tiefen Stollen lagerte man das Bier, sodass es auch in den Sommermonaten immer kühl und frisch war.

Das Oktoberfest in München mag größer und berühmter sein, aber älter – und zwar ganze 55 Jahre – ist die Erlanger Bergkirchweih. 1755 erstmals gefeiert, findet sie seitdem immer um Pfingsten für 12 Tage statt und ist das größte Volksfest in Franken. Das Bild entstand 1934.

Kellerfest der Siemens-Reiniger-Werke auf dem Bergkirchweihgelände. Die SRW hatten viele Jahre eine eigene Blaskapelle. Die Kellerfeste in den 1930er-Jahren waren bei der Belegschaft sehr beliebt.

Zwei junge Damen, beide gebürtige Erlangerinnen, posieren für den Fotografen im Schlossgarten. Als die Aufnahme 1925 „in den Kasten" ging, zählte die Stadt exakt 29.597 Einwohner.

Faschingsumzug in der Neuen Straße. Fröhlich und ausgelassen feierten die Erlanger 1938 Fasching. Noch „1846 war das öffentliche Herumgehen in Maskenkleidern nur am Faschingsdienstag anständigen, reinlich gekleideten Personen gestattet, deren Erscheinen keinen widerlichen Eindruck hervorbrachte", berichten die Annalen von 1898.

Seit wann in Erlangen Fasching gefeiert wird und wann die ersten Faschingsumzüge stattfanden, ist nicht überliefert. Bekannt ist jedoch, dass schon im ersten Viertel des 18. Jahrhunderts die Bayreuther Markgrafen Maskenbälle im Redoutensaal veranstalteten. Die „Fosernacht" – so die Erlanger Mundart – hat ihren Ursprung im 15./16. Jahrhundert.

Das nach 1945 jährlich auf der Fuchsenwiese stattfindende Frühlingsfest war für Kinder immer ein besonderer Anziehungspunkt – quasi die Bergkirchweih in Miniatur. Dort gab es ein Karusell, eine Achterbahn, eine Schiffschaukel und natürlich auch Buden mit Naschereien.

Studenten der Universitäts-Reitschule haben sich 1921 vor dem Haus Loschgestraße 8 1/2 (jetzt Institut für Nephrologie) zum Faschingsumzug aufgestellt. Das gegenüberliegende Reitschulgebäude wurde um 1965 für den Neubau der Kinderklinik abgerissen.

Kraftsport war in den 1920er-Jahren bei den der SPD nahestehenden Sportvereinen sehr beliebt. Hier sieht man eine Riege des ATSV 1898 Erlangen im Jahr 1924 vor der Loschge-Turnhalle. Von links nach rechts: Abteilungsleiter Rauch sen., Müller, Brauneis, Frisch, Schmidt, Meiner, Groß, Lippold, Rauch jun., Bredow, Balmier; sitzend: Walter, Schornbaum jun., Greiner u.a.

Die Verbindung zwischen der Spielvereinigung Erlangen und den Fürther Fußballern hat eine lange Tradition. Schon als die örtliche Spielvereinigung im Jahr 1929 ihr 25-jähriges Bestehen feierte, waren die Gäste aus der Nachbarstadt dabei. Die damalige SpVgg Fürth kam damals sogar als dreifacher Deutscher Fußballmeister nach Erlangen.

Die Rodelbahn, um 1910 am Südhang des Rathsbergs im Erlanger Meilwald in Betrieb genommen, war im Winter Anziehungspunkt für oft waghalsige Schlittenfahrten von Groß und Klein.

Eine beliebte Beschäftigung für Kinder und Jugendliche war an kalten Wintertagen das Schlittschuhlaufen auf dem zugefrorenen Ludwigskanal an der Gerberei.

Hungernde Kommilitonen stehen 1947 in der Warteschlange vor dem Redoutensaal, der kurz nach dem Krieg als Mensa herhalten musste. Das Essen bestand aus 150 Gramm Trockensubstanz (Weizenschrot, Weizen, Sojamehl, Haferflocken, Bouillon und Margarine), die mit 100 Gramm Kartoffeln gereicht wurde. Mangels Kartoffeln stellte man die Essensabgabe zeitweise gänzlich ein, „viele Studenten unterbrachen daher das Semester, um nach Hause zu fahren".

Eine der ersten Demonstrationen der Studentenbewegung gegen die USA: Die angehenden Akademiker protestierten 1965 vor dem Markgrafenschloss gegen den von den Vereinigten Staaten von Amerika mit Napalmbomben, Agent Orange (Herbizid) und anderen chemischen Kampfstoffen geführten Angriffskrieg in Vietnam.

Chronik

1890	Eröffnung des Schlachthofes. Enthüllung des Kriegerdenkmals auf dem Martin-Luther-Platz.
1890/91	Errichtung des Wasserwerkes West und Erbauung des Hochreservoirs auf dem Burgberg.
1894	Anlage des Zentralfriedhofes. Die Lokalbahn nach Herzogenaurach wird eröffnet.
1898	Das Hauptpostgebäude am Hugenottenplatz nimmt den Betrieb auf.
1900	Erlangen hat 22.953 Einwohner. Erbauung des Finanzamtes.
1902	Eröffnung des Elektrizitätswerkes auf der Fuchsenwiese. Einweihung der Prinzregent-Luitpold-Schule.
1903	Errichtung der Psychiatrischen Universitätsklinik. Erbauung des Pathologischen Instituts der Universität.
1904	Emmy Noether (1882–1935) beginnt das Studium der Mathematik in Erlangen. Einweihung des Rückert-Brunnens.
1905	Erbauung des Wasserturms auf dem Burgberg. Eröffnung der Kinderklinik in der Loschgestraße.
1906	Einweihung der Ludwigsbrücke an der Palmsanlage.
1907	Gründung der Bayerischen Landesanstalt für Bienenzucht. Die „Königliche Universitätsstadt" hat 24.877 Einwohner.
1910	Gründung der Baugenossenschaft Erlangen eG. Eröffnung einer Poliklinik für physische und nervöse Leiden, angegliedert an die Psychiatrische Klinik der Universität. Errichtung des Denkmals im Eichenwald.
1911	Die Staatliche Bakteriologische Untersuchungsanstalt wird eröffnet. Gründung des Instituts für Zahnheilkunde mit Poliklinik.
1912	Einweihung der Chemischen Untersuchungsanstalt. Enthüllung des Jägerdenkmals bei der Alten Kaserne.
1913	Bau der Wohnkolonie in der Nürnberger Straße („Neu-Tennenlohe") und der Bayerischen Staatsbank am Hugenottenplatz. Eröffnung der Universitätsbibliothek.
1914	Baubeginn der Hals-, Nasen- und Ohrenklinik am Bohlenplatz/Waldstraße.
1914–1918	Über 500 Erlanger opfern ihr Leben im Ersten Weltkrieg. Dazu kommen noch die Gefallenen der nach dem Krieg eingemeindeten Orte sowie der Universität.

1919	Eingemeindung von Sieglitzhof. Eröffnung des Heimatmuseums im ehemaligen Wasserturm (Apfelstraße).
1920	Eingemeindung von Alt-Erlangen. Eröffnung des Instituts für angewandte Chemie.
1921	Im ehemaligen Altstädter Rathaus am Martin-Luther-Platz wird ein Volkshaus mit Volksbücherei, Stadtarchiv, Räumen für den Volksbildungsbund und Teilen des Heimatmuseums eingerichtet. Enthüllung des Denkmals für das 19. Infanterie-Regiment („19er") im Hof der Drausnick-Kaserne.
1923–1925	Eingemeindung von Büchenbach (1923) und Bruck (1924). Zwischen Erlangen und Nürnberg wird eine städtische Autobuslinie eröffnet (1925). Die Stadt hat 29.597 Einwohner. Übernahme der Firma Reiniger, Gebbert & Schall durch die Siemens & Halske AG.
1927–1930	Inbetriebnahme des Röthelheimbades (1923). Weihe der Bonifaziuskirche (1928). Das Berufsschulgebäude in der Waldstraße und das Studentenhaus am Langemarckplatz werden vollendet (1930). Die Buckenhofer Siedlung entsteht (1930). An der Universität sind erstmals 2.000 Studierende eingeschrieben (1930).
1931–1945	Bau des städtischen Altersheimes am Ohmplatz (vorher Albert Schlageter-Platz) 1931. Auf dem ehemaligen Büchenbacher Anger entsteht 1932 die Stadtrandsiedlung. Am Ohmplatz wird eine Schule gebaut (1935). 250-Jahr-Feier der Gründung der Neustadt Erlangen (1936). In der Sieboldstraße entsteht das Amtsgericht. Erlangen hat 35.964 Einwohner (1939). Gründung der Werksiedlung Bruck (1941). Geringe Gebäudeschäden und Zerstörung des Nürnberger Tores durch US-Truppen (1945).
1945–1955	Durch Zuzüge von Heimatvertriebenen und Flüchtlingen steigt die Zahl der Einwohner vom April 1945 von 41.000 auf 42.217 Ende 1945. Die Firma Siemens etabliert sich in Erlangen (1947). Die Johanneskirche in der Stadtrandsiedlung wird geweiht (1952). In der Stadt leben 10.218 Heimatvertriebene (1953). Das Verwaltungsgebäude der Siemens-Schuckert-Werke („Himbeerpalast") ist fertiggestellt (1953). Vollendung der St.-Markus-Kirche (1955). Die Universität baut ab 1955 das Philosophische Seminargebäude auf dem Gelände der „Wanzenburg" (Alte Kaserne), dem weitere Institutionen folgen.
1956–1959	Die neue Aula der Universität im Schloss wird übergeben (1956). Eröffnung des Kaufhofs am Hugenottenplatz (1958). Baubeginn des Rhein-Main-Donau-Kanals (1959).
1960	Weihe der St.-Matthäus-Kirche am Ohmplatz. Die Stadt kauft Schloss Atzelsberg. Im Wintersemester 1960 studieren an der FAU 6.618 Studierende. Erlangen erreicht die Grenze von 70.000 Einwohnern.

Danksagung

Ein Stadtbild vergangener Tage aufzublättern, bringt einen Hauch Wehmut mit sich, aber auch Freude am Entdecken und Erinnern. Dem an der Stadt Erlangen und ihrer Geschichte interessierten Leser wird es freuen, dass jetzt ein Bildband vorliegt, der in historischen Fotografien eine längst vergangene Epoche der Stadtgeschichte wiederauferstehen lässt: einen Teil der „guten alten Zeit“. Dem Sutton Verlag gebührt an dieser Stelle für die Herausgabe des hübschen Bandes ein ganz besonderer Dank.

Bildnachweis

Ein Großteil der Aufnahmen stammt aus der Sammlung des Autors. Für die Überlassung von weiterem Bildmaterial dankt der Autor folgenden Personen und Institutionen: Barthelmeß, Bildarchiv Foto Marburg, Burschenschaft Germania, Clever, Chemische Industrie GmbH, Deutsche Bahn Museum, Fleischer, Gebrüder Metz, Gulden, Hypo-Vereinsbank, Junge, Kammerer, Kitzmann, Marienhospital, Meder, Popp, Siemens AG, Staatsarchiv Nürnberg, Strümpell, Sächsische Landesbibliothek, Kinderklinik der FAU, Wassermann, Wellhöfer.

Einband vorn: Das Nürnberger Tor in den 1930er-Jahren.
Vorsatz: Erlangen um 1850.
Nachsatz: Blick auf die historische Innenstadt von Erlangen.
Einband hinten: Reger Verkehr in der Hauptstraße im Jahr 1963.

Impressum

Sutton Verlag GmbH
Infanteriestraße 11 a
80797 München
www.suttonverlag.de

2. Auflage 2025
ISBN: 978-3-96303-044-4
Druck: Florjančič Tisk d.o.o. / Slowenien
Gestaltung und Herstellung: Sutton Verlag